Ezra Bayda

Zen Herz

Ezra Bayda

Zen Herz

Ein einfacher Weg
zu einem Leben in
Achtsamkeit und Mitgefühl

Übersetzt von Mike Kauschke

arbor
Arbor Verlag
Freiburg im Breisgau

Die Originalausgabe erschien unter dem Titel:
Zen Heart – simple advice for living with mindfulness and compassion

1. Auflage 2011

Titelfoto © 2011 plainpicture / Deb Casso
Lektorat: Lothar Scholl-Röse
Gestaltung Buchcover: Anke Brodersen
Gestaltung Buchinnenseiten: Susanne Jäger
Druck und Bindung: Kösel, Krugzell

Dieses Buch wurde auf 100 % Altpapier gedruckt und ist alterungsbeständig.
Weitere Informationen über unser Umweltengagement
finden Sie unter www.arbor-verlag.de/umwelt.

www.arbor-verlag.de

ISBN 978-3-86781-026-5

Inhalt

Teil 3 Die Entwicklung der Seinsgüte

Anhang

Was ist der Sinn deines Lebens?

Unser Sehnen, unser Ruf, unser Wunsch nach einem sinnvollen Leben,
erfüllt sich, wenn wir sehen, wer wir wirklich sind –
das Wesen unseres Seins ist Verbundenheit und Liebe,
nicht die Illusion eines getrennten Selbst, an der unser Leiden anhaftet.
Aus diesem Bewusstsein kann das Leben durch uns hindurchfließen;
das Unbedingte manifestiert sich frei als unser bedingter Körper.

Und welcher Weg führt dorthin?
In dem verweilen, was das Leben uns bringt.
Lernen, uns um all die Dinge zu kümmern,
die den Fluss eines offeneren Lebens behindern;
und sie als den Weg zum Erwachen zu sehen –
all die Konstrukte, die Identitäten,
die Zurückhaltung, die Projektionen,
all die Ängste, die Selbstverurteilungen, die Schuldzuweisungen –
alles, was uns davon trennt, das Leben so sein zu lassen, wie es ist.

Und welcher Weg führt dorthin?
Nicht länger ständig nur Angenehmes suchen
und Schmerz vermeiden.
Sich der Bereitschaft öffnen
nur in diesem Augenblick zu sein,
so, wie er ist.
Sich nicht länger so leicht in einem ständig
verwirrten Geist zu verfangen.
In der Praxis geht es um das Erwachen zum wahren Selbst;
niemand Besonderes sein, nirgendwo hingehen.
Verweilen im Herzen, einfach Sein.

Wir sind so viel mehr als dieser Körper,
als nur dieses persönliche Drama.
Wenn wir an unserer Angst,
unserem Schamgefühl und unserem Leiden anhaften,
spüren wir keine Dankbarkeit für unser Leben
aus unserem ursprünglichen Sein.

Also, wo haften wir *genau in diesem Moment* an unseren Sichtweisen an?

Wenn wir das ständige Urteilen unseres Verstandes sanft loslassen,
können wir zum Herzen erwachen, das in uns erwachen will.

Und wenn sich der Schleier der Trennung hebt,
Entfaltet sich das Leben einfach und natürlich.
Nicht länger gefangen im selbstbezogenen Traum,
können wir anderen dienen,
wie ein weißer Vogel im Schnee.

Die Zeit verfliegt.
Halte nichts zurück.
Nutze dieses kostbare Leben.

Eine frühe Version dieses Gedichtes erschien in Being Zen: *Bringing Meaning to Life*

Einführung

Die drei Phasen der spirituellen Praxis

Als ich mit meiner spirituellen Praxis begann, war mein einziges Ziel, mich von den unangenehmen Gefühlen der Angst und Sorge zu befreien. Ich war fest davon überzeugt, dass ich durch große Anstrengung im Kampf gegen meine Ängste schließlich diese Gefühle überwinden und ganz loswerden könnte. Und ich glaubte fest daran, dass sich mein Leben durch eine einzige Erleuchtungserfahrung für immer klären würde.

Seitdem, und besonders seit ich Zen-Lehrer wurde, habe ich zahllose Schüler getroffen, die die Praxis mit ähnlichen Illusionen begonnen haben. Solche Illusionen basieren auf der Hoffnung, dass eine magische Erfahrung uns für immer verändern wird oder dass es irgendwo eine Formel dafür gibt, die Geheimnisse der spirituellen Praxis zu entschlüsseln. Das Problem dabei ist, dass es keine Abkürzungen gibt. Der Grund dafür ist nicht, dass die Praxis besonders komplex wäre, sondern dass die Praxis nicht auf eine einfache oder schnelle Lösung der Schwierigkeiten des Lebens reduziert werden kann.

Trotzdem können wir darüber sprechen, was spirituelle Praxis ist und was sie nicht ist. *Praxis* ist ein Begriff, der schwer zu definieren ist. In einem allgemeinen Sinn können wir diesen Begriff mit dem „spirituellen Weg“ gleichsetzen. Wenn wir zum Beispiel sagen, dass wir eine buddhistische Praxis üben, dann heißt das, dass wir dem spirituellen Weg einer buddhistischen Tradition folgen. Aber wir können über die Praxis auch in einem konkreteren Sinne sprechen, wenn wir zum Beispiel über besondere Übungen, wie die Meditationspraxis oder die Gebetspraxis sprechen. Die wahrscheinlich gebräuchlichste Verwendung des Begriffes *Praxis* ist die Beschreibung einer bestimmten Form der Anstrengung, die damit assoziiert wird, ein erwachtes und authentisches Leben zu führen. Wenn wir von der „Praxis im Alltag" oder der „Praxis mit den Gefühlen" sprechen, benutzen wir den Begriff in diesem Sinne, und das beinhaltet all die Ideen und Techniken, die sich darauf konzentrieren, bewusster zu leben.

Über die Jahre meiner Zen-Praxis und meiner Lehrtätigkeit habe ich herausgefunden, dass es drei wichtige Phasen der Praxis gibt, die wir voneinander unterscheiden können. Das Ziel dieses Buches ist, zu erklären, wie diese drei Phasen einander durchdringen, um das Wunder des Erwachens zu ermöglichen. Egal, ob wir Anfänger sind oder schon seit Jahren praktizieren, es ist unsere ständige Aufgabe, unser Lernen zu verfeinern und zu vertiefen. Die Unterteilung der Praxis in drei unterschiedliche Phasen kann in diesem Lernprozess sehr hilfreich sein, weil es uns bei der manchmal überwältigenden Anstrengung hilft, innere Freiheit und innere Gelassenheit zu entwickeln.

Warum drei Phasen? Und warum genau diese drei Phasen? Obwohl die Begriffe ungebräuchlich sein mögen, beschreibt jede dieser drei Phasen einen bestimmten inneren Prozess, durch den jeder von uns auf seiner spirituellen Reise gehen muss. Und obwohl es keine bestimmten und fixen Trennlinien zwischen diesen Phasen gibt, muss der spezifische innere Prozess, der mit jeder Phase einhergeht, einzeln angesprochen werden. Wenn wir eine dieser Phasen vernachlässigen oder sogar ignorieren – was oft geschieht, wenn wir dem Weg des geringsten Widerstandes folgen –, kann es in der Tat sein, dass unsere spirituelle Entwicklung ernsthaft behindert wird. Um eine vollständige spirituelle Praxis zu üben, die ein Erwachen in jeder dieser einander durchdringenden Phasen beinhaltet, ist es hilfreich, ein klares und direktes Verständnis davon zu haben, was jede dieser Phasen bedeutet.

Die erste Phase ist die Ich-Phase der Praxis. Dabei geht es darum, all die Möglichkeiten zu erkennen, wie wir durch den selbstbezogenen Verstand bestimmt werden. Das beinhaltet die Aufdeckung unserer grundlegenden Glaubenssätze, die Beobachtung unserer typischen emotionalen Reaktionen und Verhaltensmuster und – wahrscheinlich am wichtigsten – das Vertrautwerden mit unseren Ängsten.

Diese Ich-Phase wurde früher eher als Teil der Psychologie gesehen statt als Teil der spirituellen Übung. Aber heute wissen wir, dass wir uns selbst auf der psychologischen Ebene kennen müssen, bevor wir uns wirklich den anderen Aspekten der Praxis widmen können. Dieses „Erkenne dich selbst" war immer schon ein wichtiger Teil der meisten spirituellen Traditionen; hier werden wir es in all seiner Tiefe betrachten, um uns von dem selbstbezogenen Drama des „Ich" zu befreien.

Die zweite Phase ist die Phase des Seinsbewusstseins. Diese Phase wird intensiver, wenn wir uns nicht mehr so sehr mit unserem Ich beschäftigen und es wichtiger für uns wird, eine umfassendere Erfahrung des Lebens zu entwickeln. In diese Kategorie fällt vieles von dem, was als „Achtsamkeit" und „Praxis der Sinneswahrnehmung" bezeichnet wird, und ist ein grundlegender Aspekt vieler spiritueller Traditionen. Aber in diesem Buch wird es in einer Weise dargestellt, die über die grundlegende Achtsamkeit der sinnlichen Welt hinausgeht und die Transformation der engen inneren Erfahrung eines „Ich" zu einem Gewahrsein der Weite des Seins beinhaltet.

Die dritte Phase ist die Phase der Seinsgüte. In dieser Phase geht es darum, zu lernen aus einem erwachten Herzen zu leben. Die Grundlage dessen ist die Verbundenheit mit der liebenden Güte und dem Mitgefühl, die unser wahres Wesen sind, und die Übung, daraus zu leben. Dieser Aspekt wurde in der Zen-Tradition, in der ich übte, nicht direkt angesprochen; liebende Güte und Mitgefühl wurden als Eigenschaften gesehen, die sich natürlich entwickeln würden, wenn die Praxis fortschreitet, und nicht als Eigenschaften, die man besonders entwickeln müsste. Obwohl es stimmt, dass sich liebende Güte und Mitgefühl während eines Lebens der spirituellen Praxis von allein entwickeln werden, sehen viele andere Traditionen diese Eigenschaften als unverzichtbar an und geben ihnen von Anfang an eine zentrale Stellung.

Meine eigene Erfahrung hat mich direkt gelehrt, warum es so notwendig ist, dass wir Seinsgüte als einen wichtigen Aspekt der Vertiefung und Intensivierung unseres spirituellen Weges entwickeln. Mit Ende vierzig erkrankte ich schwer an einer chronischen Erkrankung des Immunsystems. Monatelang war ich so schwach und von Übelkeit geplagt, dass ich unfähig war, in der Weise zu praktizieren, wie ich es gelernt hatte. Ich konnte nicht mit gekreuzten Beinen meditieren, noch konnte ich meinen Geist ausreichend konzentrieren. Erst nachdem ich Stephen Levines Buch *Sein Lassen. Heilung im Leben und im Sterben* gelesen hatte, wo ich liebende Güte und andere auf das Herz bezogene Meditationen kennenlernte, konnte ich eine völlig neue Dimension der Praxis erfahren. Anstatt verzweifelt im Bett zu liegen, lernte ich, dass mein Leiden ein unmittelbarer Weg zum Erwachen des Herzens sein kann. Bis zu diesem Zeitpunkt hielt ich diese Art von „Herzensübungen" für oberflächlich, aber nun erkannte ich, dass ich einen sehr wertvollen und grundlegenden Aspekt der Praxis vernachlässigt hatte.

Ich verwende lieber die Bezeichnung *Seinsgüte* als den Begriff *liebende Güte,* zum Teil deshalb, weil es uns dabei hilft, das allgemeine Verständnis von liebender Güte als lediglich gutes Gefühl zu umgehen. Die Verwendung des nicht so geläufigen Begriffs *Seinsgüte* gibt uns die Möglichkeit eines unvoreingenommenen tieferen Verstehens der unbedingten Freundlichkeit, die im Zentrum der Seinsgüte steht.

Obwohl wir diese drei Phasen oft in einer natürlichen Abfolge durchlaufen, ist das nicht notwendigerweise so. Wenn wir zum Beispiel mit der zweiten Phase des Seinsbewusstseins arbeiten, müssen wir die Ich-Phase nicht beendet haben. Und in der

Tat durchdringen sich die drei Phasen von Anfang an. Der weite Raum des Seinsbewusstseins und die Herzensqualität der Seinsgüte ermöglichen es uns, in der Ich-Phase mit mehr Mitgefühl und weniger selbstverurteilender Härte weiterzugehen. Der wichtigste Punkt dabei ist, dass sich jede der drei Phasen auf einen anderen wichtigen Aspekt unserer spirituellen Entwicklung bezieht, und je nachdem, wo wir uns auf unserem Weg befinden, müssen wir einer Phase mehr Aufmerksamkeit geben.

Die Ich-Phase

Die erste Phase ist die Klärung dessen, was ein „Ich" ausmacht. Leider versuchen viele Übende fälschlicherweise die erste Phase zu überspringen und direkt zur Erfahrung von innerer Weite und Grenzenlosigkeit zu gelangen, die für die späteren Phasen charakteristisch ist. Ich habe schon erwähnt, dass meine wichtigste Motivation zum Beginn meiner spirituellen Praxis die Freiheit von Angst war. Aber anstatt mich der grundlegenden Arbeit der Ich-Phase zu widmen, in der ich notwendigerweise der Angst direkt mit meinem Gewahrsein begegnen müsste, entschied ich mich sie zu ignorieren und konzentrierte mich mit ganzer Kraft auf den Atem. Wenn ich lange und intensiv genug die Grenzenlosigkeit des Atems praktizieren würde, dann, so glaubte ich, würde auch die Angst von allein verschwinden.

Aber das funktioniert nicht, denn wir können unsere persönliche Konditionierung nicht einfach so hinter uns lassen. Wir können sie nicht einfach loslassen, weil wir sehen, dass sie irrational ist und uns im Wege steht oder weil wir weitergehen wollen. Wenn der Fortschritt in der spirituellen Praxis so einfach wäre, wären wir alle schon erwacht. Aber tatsächlich ist es sehr schwer, über die Ich-Phase hinauszugehen. Unsere Konditionierung reicht sehr tief und ist oft in unserem Körper verankert. Und deshalb müssen wir uns unseren Konditionierungen direkt stellen, zumindest teilweise, bevor wir tiefer in die Phasen des Seinsbewusstseins und der Seinsgüte eintreten können. Ich brauchte einige Jahre, um zu verstehen, dass meine Versuche, diesen „Ich-Ballast" zu vermeiden, nach hinten losgingen, denn das, was wir ignorieren oder ablehnen, wird nur noch stärker.

Die Klärung dessen, was ein „Ich" ausmacht, ist keine philosophische oder theoretische Untersuchung; diese Arbeit muss sehr spezifisch sein und auf Erfahrung basieren. Unser Denken zu klären bedeutet, genau zu wissen, was wirklich unsere Glaubenssätze sind. Das bedeutet nicht unbedingt, dass wir uns unsere Vergangenheit anschauen oder unser Denken analysieren müssen. Das ist vielmehr ein objektiver Prozess, in dem wir einfach den gegenwärtigen Inhalt unseres Geistes erkennen. Während dieser Phase lernen wir Techniken zu benutzen, die uns dabei helfen, unsere Gedanken *als* Gedanken zu erkennen, und nicht als „Die Wahrheit".

Unsere grundlegenden Glaubenssätze oder Illusionen sind wie ein Filter auf der Linse einer Kamera. Sie prägen, wie wir die Wirklichkeit verstehen und interpretieren. Denk einen Moment darüber nach, ob du dir dessen bewusst bist, was deine fundamentale Haltung dem Leben gegenüber ist. Ein Beispiel: „Das Leben ist zu schwer." Nun frag dich, was dein fundamentaler Glaubenssatz über dich selbst ist. Weißt du es? Es könnte zum Beispiel etwas sein wie „Ich bin nicht gut genug" oder „Ich muss kämpfen". Es ist außerordentlich wichtig, dass wir unsere spezifischen Glaubenssätze über uns selbst sehen, denn ein großer Teil unseres Leidens kommt aus einem unbewussten Festhalten an diesen Glaubenssätzen, ohne dass wir jemals ihren Wert hinterfragen. Solange bis wir diese Glaubenssätze klar und kontinuierlich erkennen – die Glaubenssätze, aus denen die ganze Geschichte des „Ich" besteht –, werden sie weiterhin bestimmen, was wir fühlen und wie wir handeln. Deshalb ist diese erste Phase der Praxis so wichtig, denn wenn wir diesen Aspekt ignorieren, werden wir weiterhin aus unserer tief verankerten Konditionierung leben.

Aber die erste Phase der Praxis ist nicht darauf beschränkt, unsere Glaubenssätze anzuschauen. Wir müssen uns auch unserer stärksten emotionalen Reaktionen bewusst werden und sie beobachten. Kennst du deine stärksten emotionalen Reaktionen? Ist es Wut? Angst oder Sorge? Unklarheit? Um diese Reaktionen zu beobachten, müssen wir sie nicht beurteilen; wir müssen unsere eigenen Muster nur so klar wie möglich erkennen.

Die gleichen Beobachtungen können wir mit unseren konditionierten Verhaltensstrategien anstellen. Frag dich zum Beispiel, was du in der Regel tust, wenn du dich in einer emotionalen Reaktion wiederfindest. Ziehst du dich zurück? Greifst du an? Versuchst du zu fliehen? Erstarrst du? Versuchst du, die Situation zu analysieren oder aufzulösen? In der spirituellen Praxis musst du nicht versuchen, irgendetwas zu verändern; es geht nur darum, so klar wie möglich zu erkennen, was du tust. Aber wenn wir klar und kontinuierlich sehen, was wir tun, ohne zu versuchen, uns zu verbessern, dann geschieht ironischerweise Transformation wie von selbst.

Der letzte und wichtigste Aspekt der ersten Phase der Praxis bezieht sich auf unsere Ängste. Angst ist oft die Wurzel für unsere Motivationen und unser Verhalten; sie hat eine Auswirkung darauf, wie wir uns kleiden, wie wir sprechen, wie wir handeln und reagieren. Obwohl unsere Ängste manchmal offensichtlich sind, bleiben sie doch meist im Verborgenen. Aber es ist entscheidend wichtig, dass wir unsere eigenen Ängste kennen. Kennst du zum Beispiel die zwei oder drei Dinge, vor denen du am meisten Angst hast? Fallen sie dir sofort ein? Wenn dem nicht so ist, muss dieser wichtige Aspekt der Selbsterkenntnis in allen drei Phasen der Praxis tiefer angeschaut werden.

In der Ich-Phase der Praxis müssen wir schließlich vom Beobachten unserer Emotionen und Ängste dahin gelangen, dass wir direkt in die Angst hineingehen, oder in der *Erfahrung* von Angst verweilen, das heißt, dass wir die Angst in unserem Körper spüren. Für viele Menschen ist das ungewohnt, und wir haben meist wenig Interesse daran, das zu tun. Deshalb ist das ein

Punkt, an dem viele Übende stecken bleiben, weil sie das Verweilen in einem Gefühl damit verwechseln, sich darin zu verlieren, also ein Zustand, in dem wir weiterhin unseren Gedanken glauben und unvermindert an unseren Gefühlen festhalten. Aber der Unterschied zwischen diesen beiden Haltungen ist entscheidend wichtig. Wir können in einem Gefühl verweilen, wenn wir dessen körperliche Präsenz in einer Weise erfahren, die nicht von Konzepten bestimmt ist – das heißt, ohne in der Geschichte der Gedanken und der Geschichte des „Ich" gefangen zu sein. Diese Geschichte des „Ich" loszulassen ist einer der wichtigsten Schritte auf dem Weg des Erwachens.

Wenn wir zum Beispiel wütend werden, ist es sehr leicht, sich darin zu verlieren und Gedanken zu wiederholen, wie zum Beispiel „Das ist ungerecht" oder „Das muss ich nicht einfach so hinnehmen". Aber wenn wir diesen Gedanken nicht folgen, sondern stattdessen die Hitze und den Druck im Körper spüren, bewegen wir uns vom Verlorensein in der Wut zum Verweilen in der Wut. Zudem wird dadurch, dass wir in einem Gefühl verweilen, unser Bewusstsein zu einem größeren Gefäß. Und in diesem größeren Gefäß des Bewusstseins erweitert sich das, was vorher als die Enge des „Ich und meine Sinneswahrnehmungen" erfahren wurde, und enthält nun auch die Luft, die Geräusche in der Umgebung und die unmittelbare körperliche Erfahrung. Wenn wir Emotionen auf dieser Ebene erfahren, anstatt an Gedanken und Urteilen festzuhalten, werden sie schließlich von etwas Festem und Dunklem in einfache Energie transformiert, die beweglich, instabil und durchsichtig ist. Paradoxerweise verbinden wir uns dadurch, dass wir uns des kleinen Selbst objektiv bewusst werden, mit dem größeren Selbst.

Seinsbewusstsein

Hier bewegen wir uns schon aus der Ich-Phase in die Phase des Seinsbewusstseins. Aber wir sollten uns darüber klar sein, dass wir mit der Ich-Phase nie ganz fertig sein werden; es wird immer einige verborgene Überbleibsel der Vergangenheit geben, die noch eine Wirkung auf uns haben. Aber an einem bestimmten Punkt wird dieser Aspekt nicht mehr so vordergründig in unserer Praxis, und wenn emotionale Reaktionen ausgelöst werden, können wir sie schneller sehen und ihre Dauer und Intensität werden viel geringer. Wenn also die Ich-Phase nicht mehr so viel unserer Aufmerksamkeit beansprucht, können wir immer mehr den Fokus unserer Praxis auf die Phasen des Seinsbewusstseins und der Seinsgüte richten.

Das Seinsbewusstsein ist eine erweiterte Erfahrung des Lebens. Manchmal müssen wir, um diese Haltung zu entwickeln eine besondere Praxis üben, wie zum Beispiel die Aufmerksamkeit auf den Atem oder die Geräusche in der Umgebung zu richten, wodurch wir uns jenseits der Grenzen unseres „Ich" erleben können. Aber diese zweite Phase beinhaltet auch einfache Achtsamkeitsübungen während des Alltags – wir spüren unsere Füße auf dem Untergrund, sehen die Bäume wirklich und schauen jemandem in die Augen ohne die üblichen inneren Kommentare. Mit diesen einfachen Übungen ist oft ein Gefühl der inneren Freude, einfach nur da *zu sein,* verbunden.

Aber so einfach, wie sich das auch anhören mag, wir ignorieren oft die Bedeutung dieses nicht so dramatischen, alltäglichen Aspekts der Praxis. Viele Übende denken zum Beispiel fälschlicherweise, dass es in der Praxis vor allem darum geht, zu meditieren, um etwas Besonderes zu fühlen, wie zum Beispiel Ruhe oder Weite, und deshalb geben sie der Entwicklung einfacher Achtsamkeit im Alltag weniger Bedeutung.

Ein weiterer Umweg, der uns vom Seinsbewusstsein wegführt, ist der Versuch, aktiv einen erweiterten Bewusstseinszustand zu erreichen. Aber das ist in Wirklichkeit einfach nur noch mehr

Ich-Ballast, denn dann sind wir immer noch im selbstbezogenen Drama des „Ich“ gefangen und versuchen anders zu sein. Deshalb ist es so wichtig, sich für längere Zeit auf die erste Phase zu konzentrieren; in der Tat ist das die einzige Möglichkeit, den psychologischen Mechanismus zu durchschauen, der einem erwachten Leben im Wege steht.

Egal, ob wir das Seinsbewusstsein durch besondere Meditationsübungen oder durch Gewahrsein im Alltag entwickeln, es hat eine bestimmte Eigenschaft: Das Empfinden des „Ich“ verändert sich. Statt unserer gewohnten und festen Sicht des „Ich“, die von all unseren Geschichten unterstützt wird, entwickeln wir eine fließendere Sicht dessen, was das, was wir als „Selbst“ bezeichnen, eigentlich ist. Wenn unsere Geschichten nicht mehr so fest sind, entsteht in uns ein Wissen, dass wir, wenn wir „Ich“ sagen, nicht die Wahrheit dessen zum Ausdruck bringen, was wir im Grunde sind. Stattdessen erfahren wir ein unverwechselbares Gefühl des Seins als das unmittelbare Empfinden der Gegenwärtigkeit. Und darin spüren wir Lebendigkeit – die stille Qualität des Seins.

Sei dir genau jetzt der Qualität dieses Augenblicks bewusst. Fühl den Atem, spür die Empfindungen des Körpers. Nun nimm die Erfahrung des Raumes, in dem du dich befindest, hinzu – die Weite des Raumes. Und während du in der Erfahrung des Atems und des Raumes verweilst, empfinde dein „Ich bin hier“. Versuch für einige Atemzüge in dieser Präsenz zu bleiben, damit du den Zustand des Seinsbewusstseins unmittelbar spüren kannst.

Wenn wir uns im Seinsbewusstsein befinden, verschwindet das „Ich“-Empfinden nicht notwendigerweise, und das muss es auch nicht. Aber es wird vom „Ich“ als „mein Ich“ zum „Ich“ als „Gewahrsein“ transformiert. Das Ich-als-Gewahrsein ist nicht das kleine oder selbstbezogene „Ich“, sondern etwas ganz anderes. Und obwohl wir es nicht wirklich beschreiben können, ist es wirklicher als alles andere. Es beinhaltet ein Wissen darüber, wer wir sind und das nicht länger auf unsere Geschichten oder unseren Körper beschränkt ist.

Das Ich-als-Gewahrsein wird nicht von unseren Gefühlen bestimmt. Es geht nicht darum, ob wir uns glücklich, entspannt oder ruhig fühlen. Unsere Gefühle sind immer noch auf der Ebene des Ich-Ballasts. Beim Erwachen geht es um Bewusstheit, nicht um unsere Gefühlszustände. Dieses Gewahrsein ist einfach der Kontext, in dem die Gefühle, seien sie angenehm oder angenehm, kommen und gehen. Wenn wir die verschiedenen Erscheinungsformen des kleinen Ich durchschauen, löst sich unser festes Empfinden eines Selbst auf und dies öffnet den Raum für die Entwicklung des Ich-als-Gewahrsein.

Ich-als-Gewahrsein oder Seinsbewusstsein ist keine magische oder mystische Erfahrung. Es ist einfach die Erfahrung wacher Gegenwart. Und obwohl das einerseits unser natürlicher Zustand ist, ist es nicht einfach für uns, darin zu verweilen. Die Voraussetzung ist sowohl all die klärende Arbeit der Ich-Phase der Praxis als auch eine ständige Anstrengung, nicht mechanisch und in einem wachen Schlaf zu leben – Haltungen dem Leben gegenüber, zu denen wir Menschen programmiert zu sein scheinen.

Aber selbst diese Programmierungen können transformiert werden. Mit einer ständigen Praxis des Gewahrseins und mit dem Wachsen des Empfindens des Ich-als-Gewahrsein, entwickelt sich auch unsere Fähigkeit, für das Gewebe des Lebens wacher zu sein und uns mit anderen in Wertschätzung zu verbinden. Wir werden immer noch Schwierigkeiten haben, aber unsere Schwierigkeiten werden nicht mehr so schwierig sein. In der Tat werden wir sie an einem bestimmten Punkt nicht mehr als Schwierigkeiten sehen, sondern stattdessen vielleicht als Möglichkeiten, uns dessen gewahr zu sein, was ist. Seinsbewusstsein wird genau das – die Gelassenheit des Erwachens und Verweilens im Sein.

Seinsgüte

Es gibt keine genaue Trennungslinie zwischen der Phase des Seinsbewusstseins und der Phase der Seinsgüte, in der wir mehr und mehr lernen, aus einem erwachten Herzen zu leben. In der Tat hat sogar die Arbeit, die wir in der Ich-Phase tun, einen spürbaren Einfluss auf die dritte Phase. Und wie könnten wir jemals ein Leben der Seinsgüte leben, wenn wir völlig in der selbstbezogenen Geschichte des „Ich" gefangen sind? Seinsgüte kann von herzlicher Freundlichkeit bis hin zu ungehinderter Liebe zu jedem und allem reichen.

Es wird gesagt, dass wir lernen können, das Gesicht Gottes in jedem und allem zu sehen, indem wir ein sanftes Gewahrsein für unser Herz entwickeln, das immer noch zu verschlossen ist, um sehen zu können. Wir hören im Zen gewöhnlich nicht viel von Gott, aber der „Gott" in dieser Aussage ist nicht der Gott der Religion; es ist einfach ein anderer Ausdruck für das Gefühl der Verbundenheit oder der unbeschreiblichen Energie der Wirklichkeit, die alles und jedes in Einheit verbindet. Das Gesicht Gottes in jedem und allem zu sehen ist eine andere Definition für Liebe. Nicht die persönliche Liebe mit all dem Auf und Ab der Gefühle, sondern die Liebe, die die grundlegende Natur unseres Seins ist. Aber das wirkliche Problem dabei ist, dass wir nicht einfach lieben können, nur weil wir es wollen. Meistens können wir das Gesicht Gottes nicht in einem Menschen oder einem Gegenstand sehen – geschweige in jedem und allem.

Überleg dir: Kannst du genau in diesem Augenblick das Gesicht Gottes erfahren? Kannst du Liebe erfahren? Dabei geht es nicht um ein warmes, kuscheliges Gefühl oder um das „Ich", das „Dich" liebt. Wenn wir Liebe auf dieser Ebene erfahren, gibt es kein „Ich", das liebt. Da ist einfach nur Liebe.

Um es noch einmal zu sagen, es bringt nichts, wenn wir versuchen zu lieben, denn genau in diesem Versuch werden wir blind für das Gesicht Gottes. Der Versuch, liebevoll zu sein, der Versuch, irgendetwas zu sein oder zu versuchen, sich in einer bestimmten

Weise zu fühlen – sei es liebevoll, ruhig, klar, erleuchtet, gesund, glücklich, freundlich oder was auch immer –, ist nicht der Sinn des Erwachens zu unserer wahren Natur. Beim Erwachen geht es darum, alles zu bejahen. Das heißt nicht, dass wir passiv und ohne Unterscheidung sagen, dass alles ok ist. Stattdessen heißt es, dass wir bereit sind, offen und neugierig zu sein, um herauszufinden, worum es in unserem Leben eigentlich geht. Aber wie können wir alles bejahen, wenn wir so sehr damit beschäftigt sind, die Dinge, Menschen und Ängste, die wir nicht mögen, von uns fernzuhalten? „Ja" zu sagen setzt zunächst voraus, dass wir uns des „Nein" bewusst werden, der inneren Kontraktion, die wir all dem gegenüber fühlen, das wir anders haben möchten, all das, was wir ablehnen und von uns fernhalten, sei es in uns selbst, in der Welt oder in einem anderen Menschen.

Denk jetzt an einen bestimmten Menschen, in dem du nicht das Gesicht Gottes sehen kannst, jemanden, den du nicht wirklich als den Menschen, der er oder sie ist, schätzen kannst. Fühlst du stattdessen Wut, Rachegefühle und Verurteilung? Was sind deine stärksten Überzeugungen oder Forderungen. Wenn du es nicht weißt, dann frag dich: „Wie *sollte* dieser Mensch sein?"

Diese Forderungen sind die Illusionen, die uns trennen. Es sind Illusionen, denn sie basieren auf Phantasien darüber, wer dieser Mensch ist oder nicht ist, oder was er oder sie für uns tun kann oder soll.

Wenn du weiter an diesen Menschen denkst, was erfährst du dann in deinem Körper? Kannst du die körperliche Kontraktion spüren – die körperliche Erfahrung zurückgehaltener Energie und spürbarer Enge? Kannst du erkennen, dass diese Kontraktion, zusammen mit deinen Vorstellungen darüber, wie dieser Mensch sein sollte, genau das ist, was das Gefühl eines „Selbst" entstehen lässt? Und weiter: dass es dieses „Selbst" ist, das uns daran hindert, das Gesicht Gottes im anderen zu sehen?

Ein Bestandteil der Praxis muss es sein, uns dieses Gefühls eines „Selbst" immer mehr gewahr zu werden – mit anderen Worten, des Herzens, das noch zu verschlossen ist, um zu sehen. Das Selbst ist nichts Vages oder Amorphes. Es kann die Form der Enttäuschung annehmen oder des Gefühls, das alles schlecht ausgehen wird. Das Selbst ist sowohl genau diese Haltung der Entmutigung als auch die körperlichen Gefühle, die mit diesem Glaubenssatz einhergehen.

Wenn wir Ablehnung oder einen Mangel an Wertschätzung empfinden, spüren wir zweifellos eine Kontraktion unseres Körpers, oder unser Gefühl wird sich in anderer Weise im Körper zeigen. Genau dieser Kontraktion, diesem Gefühl des Selbst, müssen wir uns bewusst werden. Wenn wir innerlich eine ängstliche Spannung spüren, dieses Gefühl, dass etwas nicht in Ordnung ist – sei der Grund dafür die Angst, die Kontrolle zu verlieren, oder das Gefühl, dass das Leben unsicher ist –, dann festigt sich das Selbst in dieser ängstlichen Spannung.

In der Praxis geht es darum, sich mit diesen schmerzvollen Gefühlen auseinanderzusetzen. Aber das tun wir nicht, indem wir versuchen, sie loswerden; sondern vielmehr dadurch, dass wir ihnen mit urteilsfreiem Gewahrsein begegnen. Der Weg der Seinsgüte besteht zum Teil darin, unsere sanfte Aufmerksamkeit auf diejenigen Dinge zu richten, die unseren Weg dahin zu blockieren scheinen. Wir müssen uns selbst – unsere Gedanken und Gefühle – nicht verändern. Wir müssen uns ihrer nur bewusst sein. Gewahrsein heilt; das ist der wichtigste Grundsatz unserer Praxis.

Frieden – das Gefühl innerer Ruhe, dass wir alle suchen – finden wir nicht, wenn wir versuchen, ihn zu erreichen. Frieden finden wir nur, wenn wir vollkommen in dem verweilen, was ist, sei es die friedvollste oder die chaotischste Erfahrung unseres Lebens. Nur wenn wir in dem verweilen, was ist, genau so, wie es ist, werden die selbst geschaffenen Wände unseres Gefängnisses fallen. Und wenn sie fallen, bleibt nur die Verbundenheit übrig, die wir sind. Was bleibt, ist die Seinsgüte.

Wenn wir lernen, in dem zu verweilen, was ist, und wenn wir die Fähigkeit entwickeln, unsere Erfahrung einfach so sein zu lassen, wie sie ist, beginnen wir, uns tiefer in die Praxis zu bewegen. Wir sind nicht mehr so sehr mit unseren Blockaden beschäftigt und können die Tiefe entdecken, in die uns die spezifische Meditationspraxis der Seinsgüte tragen kann. Wenn wir mehr und mehr lernen aus dem erwachten Herzen zu leben, können wir die fundamentale Verbundenheit, die wir sind, erfahren. Dies führt auch zur Entwicklung von Mitgefühl für andere, besonders, wenn wir von unseren eigenen Selbstverurteilungen befreit sind. Es gibt nichts Erfüllenderes in diesem Leben, als sich mit der Seinsgüte zu verbinden, die unsere wahre Natur ist, und dann zu lernen, daraus zu leben und es zur natürlichen Antwort auf alles werden zu lassen, mit dem uns das Leben konfrontiert.

Der Ich-Ballast mag immer da sein, aber wir können lernen, ihn leichter zu nehmen. Wenn wir die Welt des Ich-Ballasts verlassen und aus der unbedingten Freundlichkeit des Herzens leben, verbinden wir uns mit der Unmittelbarkeit und Kostbarkeit des Lebens. Selbst wenn das Leben als totales Chaos erscheint, *wissen* wir ganz tief, dass es gut ist.

Ein gutes Beispiel dafür, was es heißt, aus dem erwachten Herzen der Seinsgüte zu leben, ist die Romanfigur Larry Darrell aus Somerset Maughams *Auf Messers Schneide.* Nach langen Jahren der Suche und spirituellen Praxis erlangt Darrell, dessen Figur auf einer wirklichen Person beruht, nicht nur Klarheit, sondern auch eine tiefe Verbundenheit mit der Liebe, die unser innerstes Wesen ist. Als er von seiner Suche in den Alltag zurückkehrt, ist es offensichtlich, dass er ein bekannter spiritueller Lehrer werden könnte. Aber stattdessen entscheidet er sich, Taxifahrer in einer Großstadt zu werden, wo er anderen einfach aus seinem eigenen Sein dienen kann, ohne großes Aufsehen oder Pläne – wie ein weißer Vogel im Schnee.

In der zweiten Phase des Seinsbewusstseins lernen wir, wie wir in einer tieferen Wahrnehmung des Lebens verweilen können. Wenn wir mehr und mehr aus dem Ich-als-Gewahrsein leben, werden wir eine der grundlegenden spirituellen Wahrheiten verstehen: Alles ist Eins. Aber wenn wir diese Wahrheit erkennen, heißt das nicht, dass wir auch die andere grundlegende spirituelle Wahrheit verstehen: Alles ist Liebe. Das Verständnis dieser zweiten

Wahrheit ist die Frucht eines immer tieferen Lebens aus der Seinsgüte. Es gibt mit Sicherheit Beispiele für erfahrene Übende und sogar Lehrer, die die Weisheit und Grenzenlosigkeit in der Phase des Seinsbewusstseins erlangt haben, die aber nicht die Herzensqualität, die im Zentrum der Seinsgüte steht, entwickelt haben. In einer vollständigen Praxis wird sich die Grenzenlosigkeit des Seinsbewusstseins mit der Herzensqualität der Seinsgüte verbinden, und nur dann können wir sagen, dass wir aus dem Zen-Herzen leben – aus der Wahrheit dessen, wer wir wirklich sind.

Der Rest des Buches beschäftigt sich im Besonderen damit, wie wir die drei Schritte hin zu einer vollständigen spirituellen Praxis machen können. Ich habe das Buch in drei Abschnitte geteilt, um diese drei grundlegenden Schritte zu verdeutlichen. Obwohl es viele Beispiele für die Aufteilung des spirituellen Weges in drei Bereiche gibt – wie die Heilige Dreifaltigkeit im Christentum und die drei Kostbarkeiten im Buddhismus –, habe ich mit meiner Dreiteilung keine esoterische Bedeutung im Sinn. Diese Aufteilung ist vielmehr praktischer Natur. In meiner langjährigen Erfahrung als Übender und Lehrer habe ich beobachtet, dass sich ein ausgeglichenes spirituelles Leben in diesen drei grundlegenden Phasen oder Schritten entwickelt. Wenn einer dieser Schritte ignoriert oder abgewertet wird, bleibt die spirituelle Entwicklung unvollständig. Beim ersten Schritt, den ich als *Ich-Phase* bezeichne, geht es darum, von der Anhaftung an ein „Ich" frei zu werden. Beim zweiten Schritt, mit dem wir in das *Seinsbewusstsein* eintreten, geht es um die Öffnung zu einer grenzenlosen Erfahrung des Lebens. Und beim dritten Schritt geht es darum, aus der *Seinsgüte,* die wir sind, zu leben.

Und auf diesem Weg gibt es natürlich kleinere Schritte. Ich habe diese kleineren Schritte dreigeteilt, einmal, um die Arbeit mit ihnen zu erleichtern, aber auch, um den kleinen Geist auszutricksen, der eher bereit ist über Dinge nachzudenken, wenn sie sich einfach anhören und in seiner Kontrolle zu liegen scheinen. Aber sei dir darüber im Klaren: Es gibt keinen einfachen 1-2-3-Weg zur Freiheit.

Wie die alte Weisheit sagt, beginnt jede Reise mit dem ersten Schritt. Und dann einem weiteren Schritt. Und noch einem. Und obwohl jeder von uns diese Schritte selbst machen muss, versucht dieses Buch ganz klar, jeden Schritt auf dem Weg zu beschreiben. Ich bin zwar Zen-Lehrer, aber diese drei Phasen oder Schritte, die ich beschreibe, sind nicht auf eine besondere Tradition oder Religion beschränkt; diese Lehren sind vielmehr universell und beruhen auf den drei inneren Entwicklungsstufen, die unverzichtbare Bestandteile einer vollständigen Praxis sind. Ich hoffe, dass dieses Buch ein Wegweiser auf dem Pfad sein kann, um der zu werden, der wir wirklich sind.

TEIL 1

Die Ich-Phase der Praxis

1 Umwege zur Wirklichkeit

Eines der größten Hindernisse zu einem erwachten Leben – einem Leben der Erfüllung und Dankbarkeit – ist, dass wir die meiste Zeit in der mentalen Welt verbringen. Wir sind buchstäblich von unseren Gedanken abhängig, ob wir nun planen, uns etwas vorstellen, uns Sorgen machen, dramatisieren, sprechen oder was auch immer. Müssen wir, wenn wir ehrlich sind, zugeben, dass wir die meiste Zeit im Kreislauf unserer Gedanken verbringen?

Es gibt drei Gewohnheiten, durch welche die meisten von uns im Kreislauf der mentalen Welt gefangen sind: analysieren, beschuldigen und reparieren. Diese konditionierten Muster sind Umwege, die uns daran hindern, die Wirklichkeit im gegenwärtigen Moment zu erfahren, und jedes dieser Muster garantiert uns, dass wir die Geschichte des „Ich" fortsetzen werden. In der Tat, dieses Gefangensein im Geist, sei es im Analysieren, in Schuldzuweisungen oder im Versuch, etwas wieder in Ordnung zu bringen, ist einer der wichtigsten Aspekte der Ich-Phase der Praxis.

Analysieren

Wenn wir in einer schwierigen Situation sind, ist unsere erste Reaktion oft nach dem „Warum" zu fragen. Wir analysieren die Situation, indem wir fragen: „Warum geschieht das?", „Warum bin ich so depressiv?", „Warum bin ich so müde?", „Warum habe ich Angst?" usw. Ein Grund für diese Warum-Fragen ist, dass wir Sicherheit wollen; wir wollen die Illusion aufrechterhalten, dass unser Leben durch Sicherheit und Logik bestimmt wird. Wir wollen die ängstliche Unsicherheit des gegenwärtigen Augenblicks vermeiden, das unangenehme Gefühl, keinen Boden unter unseren Füßen zu haben. Wir denken, dass wir durch Analyse herausfinden können, warum wir so denken, wie wir es tun, warum andere tun, was sie tun, oder warum etwas auf eine bestimmte Weise geschehen ist. Wir denken, dass dieses mentale Verstehen für unser Wohlergehen notwendig ist. Aber geben uns Warum-Fragen auf dieser Ebene in der Regel mehr Klarheit oder Zufriedenheit? Führen sie nicht meistens zu endlosen Kreisläufen unserer Gedanken? Wenn wir die Gedanken, an die wir glauben, schließlich durchschauen – diese sich wiederholenden Gedanken, die wir aus Gewohnheit als wirklich ansehen –, können wir mit Sicherheit sehen, wie diese Gedanken sich auf unsere emotionalen Reaktionen auswirken. Aber noch öfter werden wir erkennen, dass die Reaktionen, mit denen wir antworten, im besten Falle nur annähernd angemessen sind.

Vor einiger Zeit besuchte ich die Katakomben von Paris tief unter den Straßen der Stadt, in denen die Skelette von sechs Millionen Menschen sauber entlang eines kilometerlangen Ganges aufgeschichtet sind. Ich stellte mir vor, wie oft die Frage „Warum ist das geschehen?" im Leben all dieser Menschen gestellt worden ist – die Frage, mit der wir uns einbilden, dass wir das Leben vollkommen verstehen und erklären können. An den Wänden fand ich eine passende Inschrift: „Schweigt, Ihr Sterblichen. Große Eitelkeit – schweig."

Aus der Sicht der Praxis ist die wirklich wichtige Frage nicht „Warum?“ sondern „Was?“: Was ist mein Leben in diesem Augenblick? Oder noch besser: *Was ist das?* Diese Frage führt uns aus der mentalen Welt in den Bereich der Erfahrung. Die Frage „Was ist das?“ ist ein echtes Zen-Koan. Das Zen-Koan ist in der Tradition eine Frage, die ein Lehrer seinem Schüler stellt, aber diese Koan-Fragen können nicht mit dem konzeptuellen oder analytischen Verstand beantwortet werden. In der Tat ist ein Koan, wie zum Beispiel „Was ist der Klang der einen Hand?“ dazu da, um unseren normalen denkenden Verstand zu verwirren und uns die Erfahrung der Grenzenlosigkeit dessen zu zeigen, was jenseits aller Konzepte liegt. Die Frage „Was ist das?“ ist ein perfektes Koan, denn wie jedes Koan können wir es nicht beantworten, indem wir nachdenken oder analysieren. In der Tat ist die einzige Antwort auf diese Frage die authentische Erfahrung des gegenwärtigen Augenblicks. Die einzige Antwort ist „Einfach Das!“

Frag dich jetzt, in diesem Augenblick: „Was ist das?“ Um zu antworten, spür einfach das Einatmen und Ausatmen. Spür die Luft im Raum. Spür die Spannung in deinem Gesicht. Spür die Energie, die durch deinen Körper fließt. Erfahr innerlich die Haltung deines Körpers. Erfahr „Einfach Das!“ – die einfache Qualität oder Struktur des Augenblicks.

Gutei, ein Zen-Meister des 9. Jahrhunderts, antwortete auf die Fragen seiner Schüler oft einfach mit dem stillen Heben seines Zeigefingers. Anstatt einer Antwort wurden die Schüler dazu gezwungen, in ihrer eigenen Erfahrung gegenwärtig zu sein. Kannst du dir die Enttäuschung vorstellen, wenn jemand zu einem Lehrer kommt, um mit ihm zu sprechen und das gute Gefühl intellektueller Klarheit oder psychologischer Einsicht zu erfahren, und stattdessen nur Schweigen als Antwort bekommt? Aber obwohl wir es vielleicht frustrierend finden, genau dieses Schweigen kann uns ein unschätzbarer Lehrer sein. Anstatt zu konzeptualisieren, anstatt zu fragen „Warum?“, müssten die Schüler sich mit dem „Was“ ihrer eigenen Erfahrung konfrontieren. Sie könnten nicht länger ihr Denken dazu benutzen, um dem zu entfliehen, was *jetzt* geschieht.

Anstatt das „Ich“ zusammenzuhalten, können wir uns von dem sicheren Gefühl fester Identitäten abwenden – Identitäten, die von unseren Gedanken unterstützt werden. Jedes Mal, wenn wir einen Gedanken über uns selbst haben – „Ich bin ein Mensch, der …“ oder „Ich bin so, weil …“ –, festigen wir das Konzept eines „Ich“. Auf einer subtilen Ebene tragen selbst Überzeugungen wie „Ich bin Demokrat“ oder „Ich bin Amerikaner“ zur Stabilisierung des Ich-als-ein-Ich bei. Aber wenn wir diese künstlichen mentalen Identitäten durchschauen, können wir aufhören uns nur mit dem kleinen Selbst zu identifizieren und uns mehr und mehr mir dem großen Selbst verbinden – einem Empfinden des Seinsbewusstseins.

Natürlicherweise suchen wir nach Antworten, wenn wir in unserem Leben auf Schwierigkeiten stoßen, denn wir bevorzugen das gute Gefühl des Schwarz-Weiß-Denkens. Wir halten weiter an der Vorstellung fest, dass wir das Leben verstehen und erklären können; aber in Wirklichkeit können wir durch Fragen nach dem „Warum“ das Leben niemals völlig verstehen oder erklären. Meistens wissen wir es einfach nicht.

Meine Mutter erzählte mir eine Geschichte über ihren Vater am Ende seines Lebens. Er war ein sehr religiöser und demütiger Mensch und in seiner orthodoxen jüdischen Gemeinde sehr respektiert. Als er auf seinem Krankenbett lag, fragte er nach einem Gebetsbuch, damit er die Freitagabendgebete rezitieren könne. Jeder versuchte ihm klarzumachen, dass es nicht Freitagabend war, aber er bestand auf seiner Bitte. Schließlich machte sich jemand Sorgen um seine offensichtlich mangelnde Geistesklarheit und ging zum Rabbi, um ihn um Rat zu fragen. Der Rabbi verstand, dass mein Großvater um seinen nahen Tod wusste, und sagte ihnen, dass sie seine Bitte erfüllen und sich um ihn zum Gebet versammeln sollten. Das taten sie, und kurz nachdem er das Gebet beendet hatte, starb er. Das Wissen, zu dem mein Großvater Zugang hatte, ist für den denkenden Verstand nicht so einfach zugänglich, und ebenso kann das Geheimnis des Lebens nicht durch einfache Formeln oder durch das, was wir als „Wissen“ bezeichnen, erklärt werden.

Meine Frau Elizabeth und ich besuchten vor Kurzem das ehemalige Konzentrationslager in Auschwitz-Birkenau. Noch schlimmer als die Beschreibungen der systematischen Grausamkeit und des Horrors waren die Stapel mit Babykleidern und die Fotos der einzelnen menschlichen Gesichter, besonders der Mütter und Kinder, die sich aneinander festhielten, als sie aus dem Zug stiegen und nicht wussten, dass sie innerhalb weniger Stunden tot sein würden. All diese Leben wurden vernichtet. Und vollkommen beliebig. Selbst die weiteste Perspektive der Praxis kann so etwas nicht erklären oder einen Sinn darin finden. Banale Phrasen, wie „Es gibt weder Leben noch Tod“ oder „In der Leerheit ist alles vollkommen, so, wie es ist“, sind hohle Floskeln, die die grundlegende Tatsache vermeiden, dass es im Leben unerklärliches Leiden gibt. Wir können unser Bestes tun, daraus zu lernen, aber es gibt keine einfachen Antworten oder Erklärungen dafür. Nur die direkte Erfahrung öffnet und transformiert uns, und nicht irgendwelche mentalen Erklärungen – so wie das Sehen dieser Stapel von Babykleidern, wenn wir uns von diesem Anblick wirklich berühren lassen.

Selbst die Suche nach tiefer spiritueller Weisheit kann ein Umweg sein; vieles von dem, was als Tiefe erscheint, könnte einfach nur Verwirrung sein, die gut formuliert wurde. Zu akzeptieren, dass wir tatsächlich sehr wenig wissen, mag unangenehm sein, aber es wird uns auf jeden Fall zu dieser fundamentalen Tatsache zurückbringen: Nur durch den ständigen Fokus auf das „Was“ unserer Erfahrung – die direkte Erfahrung unseres Lebens im Jetzt – können wir in das nicht konzeptuelle Verstehen, das das wahre Wesen unseres Seins ist, eintreten und daraus leben. Ob wir es nun mögen oder nicht, genau dort müssen wir hingehen, um unsere Versuche zu stoppen, vor der Wirklichkeit zu fliehen oder sie durch Umwege zu vermeiden.

Beschuldigen

Der zweite, genauso sinnlose Umweg besteht aus unseren *Schuldzuweisungen.* Wir tappen ständig in die Falle, nach jemandem zu suchen, dem wir die Schuld geben können. Einige von uns sind sich dieses Musters bewusst, während es für andere so subtil oder verborgen ist, dass sie nicht sehen, was sie tun. In beiden Fällen liegt in Schuldzuweisungen etwas sehr Anziehendes; sie haben eine bestimmte Energie oder Kraft, fast so wie bei einer Sucht. Aber uns selbst zu rechtfertigen und andere zu beschuldigen kann uns für Stunden, Tage oder sogar Jahre in den mentalen Kreisläufen festhalten. Aber wenn wir genauer hinsehen, erkennen wir, dass Schuldzuweisungen im Grunde Verteidigungsstrategien gegen das Gefühl der ängstlichen Unsicherheit in unserer eigenen Erfahrung sind.

Sagen wir zum Beispiel, wir seien kritisiert worden, haben eine emotionale Reaktion darauf und fühlen uns verletzt. Es ist sehr wahrscheinlich, dass Verletzungen der Vergangenheit unsere gegenwärtigen Gefühle verstärken werden, und unsere Reaktion mag von sehr viel tiefer kommen, als es sich aus der gegenwärtigen Situation erklären ließe. Aber um zu vermeiden, dass wir die schmerzhafte emotionale Reaktion spüren, begeben wir uns sofort in die Verteidigungsstrategien von Schuldzuweisung und Selbstrechtfertigung. Wir verteidigen uns, damit wir den Schmerz der Unzulänglichkeit oder Ablehnung nicht spüren müssen, der durch die Kritik ausgelöst werden könnte. Im Beschuldigen konzentrieren wir uns auf die Fehler, die wir bei anderen sehen, um unsere Aufmerksamkeit nicht nach innen richten zu müssen, was, so fürchten wir, sehr unangenehm sein könnte.

Das Gegenmittel der Praxis für diese Schuldzuweisungen ist die direkte Konfrontation mit dem Schmerz, den wir zu vermeiden suchen. Das ist kein mentaler Prozess; es beinhaltet das Fühlen des Schmerzes, das Verweilen darin – als die *direkte physische* Wirklichkeit unseres Lebens. Ich spreche davon, etwas sehr Konkretes, aber ebenso Schwieriges zu tun: Das Durchschneiden der

Geschichte von Schuldzuweisungen, um stattdessen im gegenwärtigen Augenblick unserer Erfahrung zu sein. Und das wollen wir einfach nicht. Aber das ist genau der Punkt, wo unser Empfinden der Getrenntheit, unserer „Ich-heit", sich in das Seinsbewusstsein verwandelt.

Um in den gegenwärtigen Augenblick der Verletzung einzutreten, frag dich, wie sich die Verletzung tatsächlich körperlich anfühlt. Denk daran, dass das Wort *Verletzung* nur ein Konzept ist. Obwohl es als mentales Konzept sehr kompliziert und überwältigend zu sein scheint, wird es als tatsächliche Erfahrung im Körper etwas ganz Spezifisches. Damit sind wir wieder bei der Koan-Frage „Was ist das?". Spürst du einen Schmerz im Herzen, Unwohlsein im Bauch oder eine allgemeine Schwere und Verspannung im ganzen Körper?

Was auch immer du spürst, wenn du dich verletzt fühlst oder eine andere Emotion spürst, besteht die Praxis immer darin, der Energie, die im Körper fließt, mit Gewahrsein zu begegnen, anstatt darüber nachzudenken oder sie zu analysieren. Bemerke es, wenn Gedanken auftauchen, aber anstatt dich in der Geschichte des Ich zu verlieren, besonders in der Geschichte der Schuldzuweisungen, richte deine Aufmerksamkeit auf die Empfindungen im Körper. Du kannst auch das Gewahrsein für Klänge oder anderer Aspekte außerhalb deiner Körpergrenzen dazunehmen – das wird dir dabei helfen, dass die Erfahrung nicht auf „dich und *deinen* Körper" beschränkt bleibt.

Sei dir bitte darüber im Klaren, dass ich nicht darüber spreche, dass wir uns in unseren Gefühlen verlieren sollten, was unsere gewöhnliche Reaktion ist, wenn wir uns ungerecht behandelt fühlen. Ich beschreibe stattdessen, dass wir die direkte physische Wirklichkeit des Augenblicks tatsächlich fühlen – vollkommen fühlen. Durch das Gewahrsein wird unser Leiden durchlässiger und die Lebensenergie kann ungehindert durch uns hindurchfließen. Mit der mentalen Fixierung auf unsere Schuldzuweisungen aufzuhören ist eine absolute Voraussetzung, um die Verbundenheit zu spüren, die wir wirklich sind. Beschuldigen trennt immer; es zerstört immer die Verbundenheit. In der Tat, wenn wir in Schuldzuweisungen gefangen sind, ist unsere „Ich-heit" besonders stabil.

Reparieren

Der dritte wichtige Umweg ist *reparieren.* Wenn wir vor einem Problem stehen, fragen wir fast automatisch: „Wie kann ich es wieder in Ordnung bringen?" Instinktiv fühlen wir das Bedürfnis, die Sicherheit und das angenehme Gefühl zu finden, die wir spüren, wenn wir das „Falsche" loswerden.

Was tust du wirklich, wenn du mit einer Schwierigkeit konfrontiert bist? Denk für einen Moment darüber nach. Schau dir deine eigenen Muster an. Besteht deine Strategie zum Beispiel darin, dich zurückzuziehen oder abzustumpfen, um die Auseinandersetzung mit dem Problem zu vermeiden? Oder vielleicht hast du eine aggressivere Strategie, wie zum Beispiel direkt auf deine Probleme zuzugehen, um sie sofort zu lösen. Oder möglicherweise besteht deine Strategie darin, dir zwanghaft Sorgen zu machen oder dich in Ablenkungen zu verstecken. Wir können selbst Meditation als Flucht verwenden, wenn wir versuchen, unsere Probleme mit einem künstlichen Gefühl der inneren Ruhe zu umgehen.

Wir alle müssen uns unserer eigenen Fluchtstrategie bewusst werden, unserer spezifischen Muster, mit denen wir unsere Erfahrungen „reparieren". Wir können es als gegeben annehmen, dass wir keine unangenehmen Gefühle spüren möchten, aber da das unvermeidlich ist, müssen wir lernen, damit umzugehen. Das ist die anstrengende Arbeit der Praxis und ein integraler Bestandteil der Ich-Phase der Praxis. Das ist nicht besonders aufregend, aber trotzdem innerlich intensiv. Deshalb ist die Qualität der Beharrlichkeit so entscheidend wichtig, denn wir müssen lernen, in unserer Erfahrung *verweilen* zu können, auch wenn diese nicht im herkömmlichen Sinne angenehm ist. Um es ganz einfach auszudrücken: Die Lösung kommt niemals durch das Reparieren, sondern nur durch das Verweilen – besonders, wenn wir in der Angst vor Hilflosigkeit und Kontrollverlust verweilen.

Ich gebe dir hier ein kleines alltägliches Beispiel: Während einer kürzlichen Überseereise wussten Elizabeth und ich, dass wir am nächsten Tag viele Verbindungen zu erreichen hatten – ein Schiff, einen Bus, einen Zug und zwei Flüge. Wir hatten zudem viel Gepäck, ich wusste also, dass die Logistik schwierig sein würde. In dieser Nacht wachte ich auf und in meinen Gedanken ging ich durch die Szenarien des nächsten Tages. Ich bekam Angst und mein Verstand fragte sofort: Wie kann ich das in Ordnung bringen? Die Antworten darauf waren ziemlich oberflächliche Gedanken, wie zum Beispiel „Vielleicht sollten wir statt des Busses ein Taxi nehmen" oder „Vielleicht sollten wir einige Gepäckstücke verschicken".

Die Frage, wie die Situation zu verbessern sei, war nicht notwendigerweise eine Flucht, denn auf einer objektiven Ebene könnte sicher einiges getan werden, um die Reise unkomplizierter zu machen. Aber das wirkliche Problem war, dass die Frage „Wie kann ich das in Ordnung bringen?" eine emotionale Dringlichkeit erhielt. Diese Dringlichkeit machte die objektiven Überlegungen über die Vereinfachung der logistischen Probleme der Reise zum Versuch, die Angst vor Kontrollverlust zu vermeiden. Meine Praxis in dieser Situation bestand darin, klar zu sehen, wo ich in den konditionierten Gedanken der Angst gefangen war, und dann in der direkten Erfahrung der Angst präsent zu bleiben. Wie immer besteht die Praxis darin, mit dem „Was", der Direktheit oder Körperlichkeit unserer Erfahrung des gegenwärtigen Augenblicks zu verweilen.

Wir alle haben ständig solche Erfahrungen, in denen wir in den drei wichtigsten Umwegen gefangen sind und fragen „Warum geschieht das?", „Wem kann ich die Schuld geben?" und „Wie kann ich das reparieren?" Wir müssen uns selbst dabei beobachten, wie wir immer wieder diese drei Fluchtwege benutzen; und wir müssen verstehen lernen, wie wir die Gegenmittel der

Praxis in den verschiedenen Situationen unseres Lebens anwenden können. Und wieder ist das Gegenmittel „Nur Dies" – das Stellen der Frage „Was ist das? „, um eine bereitwillige Neugier für die Unmittelbarkeit unserer Erfahrung zu entwickeln. Ein großer Teil der Auseinandersetzung der Ich-Phase besteht darin, uns von dem Sog der drei mentalen Umwege abzuwenden und stattdessen mit der Körperlichkeit und den möglicherweise unangenehmen Gefühlen präsent zu sein.

Obwohl es unlogisch erscheint, in unseren unangenehmen Gefühlen mit Präsenz zu verweilen – das heißt, wir handeln gegen unseren natürlichen Instinkt für Angenehmes und Sicherheit –, ist es letztendlich der einzige Weg zu wirklicher Freiheit. Wir können es als gegeben erachten, dass wir von diesem Weg abkommen und uns in der mentalen Welt verlieren werden. Aber durch solche Umwege können wir nicht wirklich vor unserer Angst und Frustration fliehen. Es ist immer schwierig, in der Angst zu verweilen, ohne sie loszuwerden oder die Situation zu verändern, aber das ermöglicht auch eine potentiell sehr fruchtbare Lernerfahrung. Unsere Schwierigkeiten können uns formen und unsere größten Probleme – diejenigen, die wir am ehesten vermeiden wollen – geben uns die beste Möglichkeit, den schützenden Kokon des getrennten „Ich" zu durchbrechen. Nur wenn wir uns unmittelbar unserer Erfahrung öffnen, werden wir jemals in die Verbundenheit eintreten, die die Essenz unseres Wesens ist.

2 Innere Hindernisse

Es gibt drei innere Hindernisse, tief verwurzelte menschliche Muster, die uns von uns selbst trennen: Trägheit, Selbsttäuschung und Selbstverurteilung. Wie die drei Umwege, die ich im vorhergehenden Kapitel beschrieben habe, verringern sie die Wahrnehmung der Wirklichkeit. Jedes hindernde Muster stärkt die Empfindung eines getrennten „Ich" und muss deshalb in der Ich-Phase der Praxis angesprochen werden.

Trägheit

Wenn wir über die Praxis sprechen, benutzen wir selten den Begriff Trägheit, denn in vielerlei Hinsicht sind spirituell Übende oft ziemlich diszipliniert. In der Tat, die Art der Anstrengung, die wir in der Sitzmeditation brauchen, besonders während langer Meditationsretreats, scheint das genaue Gegenteil von Trägheit zu sein. Aber wir können sehr beschäftigt und sehr produktiv sein, und trotzdem recht träge sein – träge in dem Sinne, dass wir nicht selbst denken wollen.

Ein Übender mag zum Beispiel ein Retreat nach dem anderen besuchen und immer noch mit Stolz sagen „Ich denke nicht über die Praxis nach“, als ob das Nachdenken über die Praxis irgendwie weniger wert ist. Aber um ein klares Verständnis der Praxis zu entwickeln, müssen wir zumindest zeitweise darüber reflektieren. Diejenigen, die nicht gern über die Praxis nachdenken – und das ist ein Aspekt dessen, was ich als Trägheit des Verstandes bezeichne – sind oft die verwirrtesten Schüler, selbst wenn sie seit vielen Jahren meditieren. Tiefe Reflexion über das Wesen der Praxis ermöglicht es uns, dass unsere Praxis klar und direkt ist, und es fällt uns auch viel leichter, zu üben. Ich meine nicht, dass wir unsere subjektiven Zustände analysieren, sondern dass wir objektiv darüber nachdenken, wie wir am besten praktizieren können.

Ich empfehle meinen Schülern oft, dass sie zwei Sätze aufschreiben, in denen sie formulieren, warum sie praktizieren, und diese Sätze vor jeder Meditation laut sagen. Viele Schüler haben einen Widerstand dagegen. Warum? Weil es eine fokussierte mentale Anstrengung braucht, um ihr Ziel klar zu formulieren. Aber das positive Ergebnis dieser Praxis ist nicht nur, dass sie dir ein klareres Verständnis dessen gibt, was du tust, es stärkt auch die Absicht. Was immer du wiederholst, wenn du dich zum Meditieren hinsetzt, sind Worte, die du gewählt hast, Worte, die besonders für dich sinnvoll sind.

Natürlich kann es sehr klein und selbstbezogen sein, wenn wir unser Ziel in dieser Weise formulieren, aber das muss nicht sein. Stattdessen können sie wie die Gelöbnisse sein, die in den meisten spirituellen Zentren regelmäßig wiederholt werden – Worte, die uns an die umfassendere Sicht erinnern. Im Zen-Center San Diego rezitieren wir den folgenden Vers am Ende jeder Meditation:

Gefangen im selbstbezogenen Traum: nur Leiden;
An selbstbezogenen Gedanken festhaltend: genau dieser Traum;
Jeder Augenblick, Leben, wie es ist: der einzige Lehrer;
Nur dieser Augenblick sein: der Weg des Mitgefühls.

Obwohl die umfassendere Sicht letztendlich ein Geheimnis ist, das jeder präzisen verbalen Formulierung widersteht, können wir die Anstrengung machen, Konzepte zu erklären, die auf das, was jenseits der Konzepte liegt, hinweisen.

Ein weiteres Beispiel für den Wert des Denkens im Verständnis der Praxis können wir in der Arbeit mit den Gefühlen beobachten. Im Umgang mit der Wut ist eine der grundlegenden Prinzipien der Praxis, dass wir unsere Wut nicht ausdrücken. Aber dieser Anleitung zu folgen, ohne den Prozess zu verstehen, würde nur zu unheilvoller Unterdrückung unserer Gefühle führen. Im Besonderen müssen wir verstehen, dass wir nur zur nächsten Stufe – auf der wir die Wut vollkommen als reine Energie erfahren – fortschreiten können, wenn wir aufhören, die Geschichte unserer Gedanken und Rechtfertigungen zu wiederholen. Des Weiteren müssen wir verstehen, dass die Wut oft wie eine pilzförmige Explosion ist, in deren Zentrum die Energie der Angst pulsiert. Wenn wir darüber nicht klar nachdenken, wenn wir zu träge sind, um Aufmerksamkeit und klares Denken auf diesen Prozess zu richten, wird es sehr viel schwieriger, zum Kern der Sache vorzudringen.

Es geht nicht darum, dass wir alle gut trainierte Schüler werden, die einfach blind den Regeln der Lehre folgen und alles tun, was der Lehrer sagt. Lehrer können nicht das Denken für dich übernehmen. Lehrer können sich auch nicht einfach auf Formeln der Praxis verlassen; sie müssen ständig darüber reflektieren, worum es in der Praxis wirklich geht. Ein guter Lehrer sucht ständig nach neuen Wegen, um sich auf die Praxis einzulassen, und experimentiert mit der Praxis, um herausfinden, was am besten funktioniert.

Während eines Retreats widmete ich kürzlich einen ganzen Tag der Übung des Schweigens und der kontinuierlichen Herzenspraxis. Dabei lag der Fokus darauf, meine Aufmerksamkeit auf das Ein- und Ausatmen in die Mitte des Brustkorbs zu richten, während ich die Worte der Meditation der Seinsgüte sagte. Aber von früheren Versuchen mit dieser Übung wusste ich, dass zweifelsohne Widerstand auftauchen würde. Deshalb notierte ich vier Aphorismen auf ein Blatt Papier, und jedes Mal, wenn ich die Verbindung mit dem Sinn der Übung verlor, las ich einen dieser Aphorismen, um mich zurückzubringen. Das ist ein Beispiel dafür, den Verstand zu nutzen, um zu dem zurückzukommen, was am wichtigsten ist.

Ein anderer Bereich, in dem die Trägheit des Geistes oft unsere Anstrengungen untergräbt, ist die Selbstbeobachtung, besonders die Beobachtung unserer Gedanken. Wahrscheinlich kann jeder von uns mehr Disziplin und Präzision bei der Beobachtung unserer Gedanken gebrauchen, besonders, wenn wir in einer emotionalen Reaktion gefangen sind. Wenn wir in dieser Reaktion gefangen sind, können Gedanken, von denen wir sehr überzeugt sind, leicht an uns vorbeiziehen, ohne dass wir sie bemerken. Deshalb ist eines der wichtigsten Hilfsmittel die Frage: „Welchen konditionierten Gedanken glaube ich am meisten?“ Wie können wir jemals unsere Verstellung und unsere Selbstbilder durchschauen, wenn wir nicht fragen und nicht tiefer sehen? Ich hebe diesen Punkt so hervor, weil unsere Glaubenssätze und konditionierten Muster unglaublich tief sein können.

Meine Mutter war 87 Jahre alt und hatte große Schmerzen und wusste ziemlich gut, dass sie nur noch wenig Zeit zu leben hatte. Trotzdem wollte sie kein Morphin von der Krankenschwester annehmen, denn sie wollte nicht, dass diese sie für eine „Drogensüchtige“ hielt. Ich hoffe, dass dieses aussagekräftige Beispiel uns alle daran erinnert, wie stark unsere Selbstbilder sind, und dass wir uns oft nicht einmal dessen bewusst sind, wie sehr sie unser Leben bestimmen.

Nur wenn wir tiefer sehen– und damit meine ich nicht, dass wir analysieren, sondern dass wir uns anstrengen, über unsere mentale Trägheit hinauszugehen –, können wir die Glaubenssätze erkennen, die uns kontrollieren. Diese Art der Anstrengung setzt eine Absicht oder ein Ziel voraus, nämlich dass wir unsere sich wiederholenden emotionalen Muster nicht einfach an uns vorbeiziehen lassen, sondern sie anschauen, bis wir die Muster klar erkennen.

In diesem Sinne ist das Gegenteil von Trägheit des Verstandes Neugierde. Wenn wir eine neue Einsicht in die Praxis haben, sogar wenn wir ein Buch wie dieses lesen, sind wir oft zu träge, um tiefer nachzudenken und Fragen zu stellen. Das kann eine bestimmte Stumpfheit des Verstandes, eine Selbstgefälligkeit und ein mangelndes Interesse an tieferer Untersuchung offenbaren, die uns daran hindern, ein tieferes Verständnis der Praxis zu entwicklen. Oder wir begnügen uns mit einfachen formelhaften Antworten, die durch Schwarz-Weiß-Denken und Ja-oder-Nein-Denken gekennzeichnet sind. Natürlich ist es viel leichter, anzunehmen, dass wir etwas wüssten, statt es tiefer zu erforschen. Aber das garantiert auch, dass wir die subtilen Kräfte des wachen Schlafs nicht durchschauen werden. Nur wenn wir das ganze Ausmaß der Unbewusstheit erkannt haben und die negativen Auswirkungen sehen, die es auf uns selbst und andere hat, werden wir uns der Praxis mit größerem Interesse, tieferer Anstrengung und sinnvoller Absicht widmen.

Beim Durchschauen der Trägheit unseres Geistes geht es nicht darum, dass wir uns verurteilen oder uns schlecht fühlen, sondern darum, zu verstehen, dass wir den Geist im Dienste des Erwachens nutzen können. Ob wir tiefer über den Sinn der Praxis nachdenken, unseren Verstand verwenden, um klar über den Umgang mit Emotionen nachzudenken oder mehr Präzision in unsere Selbstbeobachtung bringen, in jedem Fall müssen wir über die Tendenz der Trägheit hinausgehen, in der wir vermeiden uns anzustrengen. Es gibt noch andere Sichtweisen der Welt als die, die wir gewohnt sind. Wir müssen uns nicht mit der Selbstgefälligkeit des Bekannten zufriedengeben.

Selbsttäuschung

Wir können sagen, dass uns die herkömmliche Psychologie dabei hilft, zu erkennen, wie unsere Psyche funktioniert, aber die spirituelle Praxis hilft uns dabei, zu erkennen, dass die Funktionen der Psyche nicht das sind, was uns wirklich ausmacht. In der Tat können wir die spirituelle Psychologie als Psychologie der Selbsttäuschung bezeichnen, weil das, was wir oft als Funktionen unserer Psyche bezeichnen, in Wirklichkeit eine Lüge ist. Die Frage ist, welche Geschichten wir uns erzählen und aus welchen Lügen wir leben.

Eine dieser Illusionen ist, dass wir unsere Erfahrungen kontrollieren oder kontrollieren können. Trotz all der Anzeichen für das Gegenteil leben wir unseren Alltag dennoch in der Illusion, dass wir immer noch das Steuer in der Hand haben. Und wir halten so an dieser Illusion fest, weil die Angst vor Kontrollverlust eine unserer stärksten Ängste ist.

Wenn du denkst, das trifft auf dich nicht zu, schau noch einmal genauer hin. Schau dir all deine subtilen Kontrollstrategien an. Wahrscheinlich wirst du sehen, dass sie alle darauf gerichtet sind, dein Leben angenehm und sicher zu machen, und dass sie alle auf der Illusion basieren, dass du in der Tat deine Erfahrung kontrollieren kannst. Wenn wir zum Beispiel der Kontrollstrategie folgen, uns mehr anzustrengen, können wir das Leben so gestalten, wie wir es wollen. Oder wir denken vielleicht, dass wir uns vor Kritik schützen können, wenn wir der Kontrollstrategie folgen, es anderen recht zu machen. Und es braucht oft viele Enttäuschungen beim Folgen dieser Kontrollstrategien, bis wir erkennen, dass unser Glaube an eine vorgestellte Kontrolle in Wirklichkeit eine Illusion ist.

Eine andere damit verbundene Illusion ist der Glaube, dass das, was wir „wissen", die Wahrheit ist. Wir glauben unseren Wahrnehmungen, unseren Meinungen, unseren Konzepten – und vergessen, dass sie relativ, fehlerhaft und begrenzt sind. In gewisser Weise ist diese Illusion ein Resultat der Illusion der Kontrolle, in der unsere vorgestellte „Sicherheit" uns das angenehme Gefühl vermittelt, die Kontrolle über unser Leben zu haben. Es geschieht zum Beispiel etwas und wir fragen: „Warum ist das geschehen?" Wir denken, wir können die Dinge verstehen und finden dann ein gutes Gefühl in unserem sogenannten Wissen. Aber in Wirklichkeit halten wir uns an der Illusion fest, dass das, was wir wissen, die Wahrheit ist, oder zumindest, dass wir letztendlich herausfinden können, was wir nicht wissen.

Eine weitere verbreitete Illusion ist, dass wir, wenn wir nur lang und intensiv genug praktizieren, das bekommen, was wir wollen – sei es Erleuchtung, Ruhe, Freiheit von Angst, Gesundheit, eine erfüllte Beziehung, oder was immer wir auch suchen. In den 60er Jahren war ich, wie so viele meiner damaligen Weggefährten, von der Idee der plötzlichen und endgültigen Erleuchtung überzeugt, wie sie in dem Buch *Die drei Pfeiler des Zen* (Ph. Kapleau) versprochen wurde. Obwohl wir diese offensichtliche Illusion durchschauen mögen, kann sie später in subtileren Formen wiederkehren. Du kannst dir sicher sein, dass du diese Illusion weiter mit dir herumträgst, wenn du glaubst, dass etwas daran falsch ist, wenn du Schwierigkeiten erfährst oder dir Sorgen machst. Oder wenn du glaubst, dass etwas mit *dir* nicht in Ordnung ist. Dieser hartnäckige Glaube, der uns dazu antreibt, alles zu tun, um unangenehme Gefühle zu vermeiden, basiert auf der tief verwurzelten Illusion, dass wir uns besser fühlen werden, wenn wir mit großer Anstrengung praktizieren. Wir sollten niemals unterschätzen, wie sehr wir angenehmere Gefühle mit dem Erwachen verwechseln. Das ist eine der subtilsten Möglichkeiten, uns selbst zu belügen.

Um ein erwachtes Leben zu leben, ist es absolut notwendig, dass wir diese Illusionen fallen lassen. Aber um sie fallen zu lassen, müssen wir sie erst einmal sehen. Deshalb müssen wir uns in der Ich-Phase der Praxis ständig selbst beobachten – die Gedanken, Muster und Vorstellungen über uns selbst, mit denen wir uns identifizieren. Wir müssen unsere Gedanken genau beobachten, damit wir schließlich sehen, dass unsere Gedanken, egal, wie sehr wir daran glauben, nicht wahr sein müssen. Es ist sehr verbreitet, dass wir unseren Illusionen glauben und dass wir denken etwas zu wissen, was in Wirklichkeit nur ein Glaubenssatz ist. Aus diesem Grund stellen wir im Zusammenhang mit unserer Praxis auch die

Frage „An welchen Gedanken glaubst du *jetzt* am meisten?", damit wir tief genug gehen können, um die Illusionen aufzudecken, die normalerweise so schwer zu erkennen sind.

Neben diesen weitverbreiteten universellen Lügen – dass wir die Kontrolle haben, dass wir wissen, was wahr ist und dass wir belohnt werden, wenn wir das Richtige tun – gibt es auch noch unsere individuellen persönlichen Lügen, wie Vorstellungen von uns selbst, an denen wir anhaften. Wir können zum Beispiel glauben, dass wir bedürftig sind: „Ich brauche jemanden, der sich um mich kümmert, der mich rettet." Oder: „Ich kann nicht glücklich sein, wenn ich allein bin." Des Weiteren gibt es die zerstörerische und weitverbreitete persönliche Illusion „Ich kann nicht glücklich sein, wenn es mir nicht gut geht." Das Vermeiden von unangenehmen Gefühlen ist eine der stärksten Antriebskräfte in uns, die vor allem aus dem Glauben – dem falschen Glauben – gespeist wird, dass wir nicht glücklich sein können, wenn wir unangenehme Gefühle empfinden. Einer der größten Vorteile der Praxis ist, dass wir lernen, dass dieser Glaube in Wirklichkeit keine unveränderbare Wahrheit ist.

Es gibt viele individuelle Lügen oder Illusionen, die wir uns selbst einreden, und sie sind so verschieden wie unsere Persönlichkeiten. Siehst du dich selbst zum Beispiel als nett, hilfsbereit oder tiefgründig? Denk einen Moment nach – was ist das positive Selbstbild, mit dem du dich am ehesten identifizierst? Oder identifizierst du dich eher mit einem negativen Selbstbild, wie schwach, dumm oder minderwertig? Interessanterweise können wir uns gleichzeitig sowohl mit positiven als auch mit negativen Selbstbildern identifizieren und nicht einmal die Unstimmigkeit darin erkennen. Und das ist möglich, weil wir alle Scheuklappen tragen – ein psychologischer Schutzmechanismus, durch den ein Teil in uns selbst nicht den anderen Teil in uns sehen kann. Wenn wir uns zum Beispiel damit identifizieren, nett zu sein, ignorieren wir vielleicht alle unsere destruktiven oder aggressiven Eigenschaften. Oder wenn wir uns selbst damit identifizieren, zurückhaltend zu sein, ignorieren wir alle positiven Eigenschaften.

Zum Beginn meiner Praxis nahm ich an einem Gruppentreffen teil, während dessen wir gemeinsam zu Mittag aßen. Eines der Ziele dieser Gruppe war, im Einklang mit der Erde zu leben, und wir pflanzten und ernteten unser eigenes Gemüse. Als ich am Tisch saß, sah ich, wie jemand aus unserer Gruppe eine Orange aß, und ich reagierte mit Selbstgerechtigkeit. Ich dachte: „Nicht genug, dass sie sich eine Orange gekauft hat, sie ist auch noch so dreist, sie in einem unserer Gruppentreffen zu essen!" Aber dann bemerkte ich plötzlich, dass ich selbst ja eine Banane aß! Sofort schämte ich mich für meine Heuchelei, aber ich sah auch, wie lächerlich es war, dass ich so selbstgerecht und gleichzeitig so blind für mein eigenes Handeln sein konnte, ohne mir bewusst zu sein, für wen ich mich hielt.

Diese Geschichte zeigt eine weitere tief verwurzelte Illusion: dass wir ein solides, unveränderliches Selbst sind. Wenn wir erkennen, dass wir in Wirklichkeit eine Ansammlung vieler verschiedener „Ichs" sind, die oft nicht einmal miteinander verbunden sind, verstehen wir, dass das Gefühl eines „Ich" offensichtlich eine Illusion ist. In der Tat ist die Vorstellung, dass unser Sein auf ein getrenntes „Selbst" begrenzt ist, vielleicht die größte Illusion, die durch die Zen-Praxis durchschaut werden kann.

Die Schwierigkeit aber ist, dass wir manchmal unsere Illusionen einfach nicht aufgeben wollen. So wie in der Geschichte des Vaters, der seinen Sohn dazu bringen wollte, in die Schule zu gehen. Der Sohn sagte: „Es gibt zwei gute Gründe, weshalb ich nicht in die Schule gehen will: Zum einen ist es langweilig und zum anderen machen sich die Kinder ständig über mich lustig." Der Vater antwortete: „Es gibt zwei gute Gründe, warum du zur Schule gehen musst: Zum einen bist du 45 Jahre alt und zum anderen bist du der Lehrer." Diese witzige Geschichte zeigt, wie schnell wir die wichtigen Dinge in unserem Leben aus dem Blick verlieren können. Was müssen wir tun, damit wir immer mit dem verbunden bleiben, was am wichtigsten ist? Wie können wir jemals die Gelassenheit finden, die wir suchen, wenn wir nicht wissen, in welchem Ausmaß wir in dem selbstbezogenen Traum des „Ich-Ballasts“ gefangen sind, und nicht anerkennen, dass wir meistens nicht aus unseren Illusionen aufwachen *wollen?* Wie können wir uns dann jemals der Wahrheit öffnen?

Es gibt einen wichtigen Punkt in unserer Praxis, wenn wir uns selbst in all unseren Aspekten sehen – unsere Trägheit, unsere Unfreundlichkeit, unsere Schwäche usw. Das ist oft eine plötzliche Einsicht, die sehr ernüchternd sein kann. Das erfüllt uns möglicherweise mit Schamgefühl, das sich aber von Schuldgefühlen unterscheidet, die auf falschen mentalen Idealen basieren. Und es unterscheidet sich auch von unserem üblichen psychologischen Schamgefühl des Egos, das sagt: „Ich bin schlecht.“

Das Schamgefühl, von dem ich spreche, hat mehr mit dem Gewissen zu tun – wir spüren es, wenn wir schmerzlich erkennen, dass wir im Widerspruch zu unserem wahren Wesen leben, im Widerspruch zum Herzen, das erwachen will. Wir können den Schmerz spüren, den wir für andere und uns selbst verursachen. Wenn wir diesen Schmerz wirklich spüren, kann das zum tiefen Wunsch werden, ein erwachtes und aufrichtiges Leben zu führen. Aus dem Schmerz des tiefen Schamgefühls – wenn wir ehrlich erkennen, dass wir im wachen Schlaf umherlaufen und im Widerspruch mit unserem wahren Wesen leben – kann eine wirkliche Demut in uns erwachen.

Vor Kurzem saß ich auf einer Bank mit Blick auf das Meer und übte die Meditation der liebenden Güte. Eine Frau, die obdachlos zu sein schien, kam auf mich zu, um mit mir zu reden, aber nach ungefähr einer Minute sagte ich ihr, dass ich damit beschäftigt sei, zu meditieren. Kurz nachdem sie gegangen war, fühlte ich einen existentiellen Schock in meinem Gewissen, weil ich sah, dass ich so in meiner Meditation der liebenden Güte gefangen war, dass ich nicht bereit war, diese konkrete Möglichkeit zur Übung von liebender Güte zu nutzen. Das war kein Schuldgefühl, sondern die Erfahrung, vom Herzen getrennt zu sein. Wenn wir uns erlauben, dies wirklich zu fühlen, es ohne Selbstbeschuldigungen anzunehmen, führt es zu Transformation. Aber die Voraussetzung zu solch einer Transformation ist die Aufdeckung der Selbsttäuschungen, in denen wir normalerweise leben. Wenn wir unsere Gedanken, Illusionen und Vorstellungen von uns selbst durchschauen, können wir unsere Praxis nach und nach vertiefen. Von dort aus führt uns die Praxis über die Psychologie hinaus in eine fließendere Sicht dessen, was wir das Selbst nennen. Wenn wir nicht mehr so stark an unseren Glaubenssätzen und Beurteilungen festhalten, und nicht so sehr an unseren lieb gewonnenen Vorstellungen von uns selbst anhaften, dann wissen wir, dass wir, wenn wir „Ich" sagen, nicht die ganze Wahrheit zum Ausdruck bringen. Hier können wir die Klarheit eines leeren Geistes erfahren – denn der Geist ist nicht so eingeschränkt von einem Gefühl des Selbst, einem Gefühl des „Ich".

Erinnern wir uns daran, dass die Bewusstheit heilt. Bewusstheit erfordert kein Denken, Analysieren oder Beurteilen – nur klares, ehrliches Sehen. Und das umfasst das Durchschauen der subtilen Lügen, die wir uns selbst einreden: die Lüge, dass wir minderwertig sind; die Lüge, dass das Leben frei von unangenehmen Gefühlen und Schmerzen sein sollte; die Lüge, dass spirituelle Lehrer uns retten können; die Lüge, dass andere Menschen unsere sogenannten Bedürfnisse erfüllen sollten.

Die Voraussetzung, um in diese tiefere Ebene der Praxis einzutreten, ist vor allem eine schonungslose Ehrlichkeit mit uns selbst. Das setzt auch voraus, dass wir bereit sind, mit allem, was wir erfahren, gegenwärtig zu sein – egal, wie es sich anfühlt. Und es ist nicht verwunderlich, dass wir es als unangenehm empfinden, denn wenn wir zum ersten Mal unsere Selbsttäuschungen durchschauen, ist das oft sehr schmerzhaft. Um an diesem Ort zu verweilen, müssen wir dem Drang widerstehen, unangenehme Gefühle zu vermeiden, das heißt, all den zahllosen Strategien, um uns besser zu fühlen. Wir brauchen den Mut, um „das Kreuz des Augenblicks zu erklimmen und unsere Illusionen sterben zu sehen" (W.H. Auden).

Wenn wir unsere Illusionen nach und nach hinter uns lassen, schwindet auch der Schmerz, der aus dem Festhalten an ihnen entsteht. Man könnte sagen, dass die Praxis dann aus der Schwere der

Selbsttäuschung in die Leichtigkeit des Seins übergeht, das heißt, wir leben nicht mehr aus der Schwere des Verstandes, sondern aus der Leichtigkeit des Zen-Herzens. Aber damit das möglich ist, müssen wir zuerst die Illusionen, die uns blenden, durchschauen.

Selbstverurteilung

Ein wichtiger Aspekt der Ich-Phase der Praxis ist die Kultivierung von Selbsterkenntnis. Das bedeutet, dass wir uns selbst objektiv kennenlernen. Wenn wir uns selbst nicht kennen – besonders, wenn wir nicht wissen, aus welchen Urteilen heraus wir leben –, werden wir ganz sicher uns selbst und anderen Schmerz zufügen. Eines der grundlegendsten Urteile, das viel Leiden für uns schafft, ist unser Minderwertigkeitsgefühl. Diese Selbstverurteilung ist ohne Ausnahme in allen Menschen, die ich bisher kennengelernt habe, tief verwurzelt.

Unsere tief verwurzelten Urteile über uns selbst entstehen schon früh aus den unvermeidlichen Enttäuschungen unserer Kindheit. Im Laufe der Zeit werden diese Urteile immer mehr Teil von uns, bis wir schließlich glauben, sie seien „Die Wahrheit". Bis wir anfangen, die Ich-Phase der Praxis zu üben, werden diese negativen, schmerzhaften Urteile über uns selbst nicht hinterfragt werden.

Das tief verwurzelte Urteil „Ich bin wertlos" ist vielleicht nicht an der Oberfläche unserer Gedanken und mag sogar durch Selbstvertrauen verdeckt sein. Obwohl wir den Schmerz dieses Glaubenssatzes nicht spüren wollen, kann er doch einen großen Teil unserer Gefühle und Handlungen bestimmen. Für einige Menschen wirkt dieser grundlegende Glaube an ihre Minderwertigkeit als Antrieb, produktiv oder erfolgreich zu sein, um diesen inneren Mangel zu kompensieren. Andere ziehen sich vielleicht zurück oder resignieren, um keinen Fehlschlag zu riskieren. In beiden Fällen ist die Motivation die gleiche: Wir wollen nicht den Schmerz spüren, der durch den Glauben an unsere Minderwertigkeit entsteht.

Aber diese Urteile über uns selbst finden sich nicht nur in den tief verborgenen selbstverurteilenden Glaubenssätzen. Manchmal sind unsere gnadenlosen Urteile über uns selbst auch auf der Oberfläche unseres Bewusstseins, fast wie eine innere Grundstimmung. Für einige Menschen ist das wie ein innerer Kritiker, der niemals gute Kritiken gibt. Wenn wir unklug handeln, meldet sich der innere Kritiker sofort zu Wort. Das kann selbst in der Meditation geschehen. Wie oft hast du dich als schlechten Meditierenden bezeichnet, weil du in Tagträume abgeschweift bist?

In den Anfangsjahren meiner Praxis war meine Selbstverurteilung gnadenlos. Ich glaubte tatsächlich an das naive Ideal, dass mein Verstand, wenn ich ein guter Meditierender wäre, automatisch zur Ruhe kommen würde und ich besondere Erfahrungen hätte. Eine Erwartung wie diese ist aber nicht nur die Garantie für ständige Enttäuschungen, sondern auch für ständige Selbstkritik.

An dieses wichtigste Geheimnis der spirituellen Praxis solltest du dich immer erinnern: Es kommt nicht darauf an, *irgendein* besonderes Gefühl zu haben. Wir brauchen keine bestimmten Erfahrungen. Und wir müssen auch nicht jemand Bestimmtes *sein.* Was auch immer in deiner Erfahrung auftauchen mag, sei es angenehm oder nicht, versuch dich daran zu erinnern, dass wir nur das erfahren und gestalten können, was unsere Erfahrung und unser Leben in diesem Augenblick bereithalten. Egal, was wir erleben und wie wir uns fühlen, in der Praxis geht es darum, dass wir wirklich anerkennen können, was geschieht, und in der direkten körperlichen Erfahrung des gegenwärtigen Augenblicks verweilen können. Nur so können wir eine echte Wertschätzung für unser Leben entwickeln.

Aber was steht dieser Wertschätzung besonders im Wege? Ist es nicht unsere tief verwurzelte Tendenz, uns selbst als minderwertig zu beurteilen? Diese Urteile über uns selbst verstärken nur den Schmerz, den wir ohnehin schon fühlen.

Der Buddha erzählte die Geschichte eines Mannes, der von einem Pfeil in der Brust getroffen wurde. Er hatte starke Schmerzen, aber der Buddha bemerkte, wie viel größer der Schmerz wäre, wenn der Mann von einem zweiten Pfeil an genau der gleichen Stelle getroffen würde. Der Buddha wollte damit sagen, dass wir womöglich schon den Schmerz der Enttäuschung spüren, wenn wir jedoch den zweiten Pfeil der Selbsturteile hinzufügen, wird der ursprüngliche Schmerz zu übertriebenem und oft unnötigem Leiden. Wenn ich zum Beispiel unfreundlich bin, spüre ich vermutlich sofort den Schmerz der Getrenntheit. Aber wenn ich mir zusätzlich noch Vorwürfe mache, wie unfreundlich ich bin, dann werde ich mich noch viel schlechter fühlen.

Das Gegenmittel bei Selbstverurteilung ist immer die Bewegung aus der mentalen Welt in die körperliche, direkte Realität dessen, was wirklich gegenwärtig ist. Urteile über uns selbst entstehen immer in unseren Gedanken, als Ideale, Erwartungen oder Vorstellungen, die wir von uns selbst haben. Solche auf Gedanken basierende Vorstellungen sind immer zumindest einen Schritt von der Wirklichkeit entfernt. Wenn wir dagegen zu dem zurückkehren, was ist, auch wenn es nicht besonders angenehm sein mag, ist das immer ein Schritt in Richtung Freiheit.

Ich habe schon von meinen Erfahrungen in der Meditation zu Beginn meiner Praxis berichtet, als ich oft von meinem ständig um sich selbst kreisenden Denken frustriert war und mich dann schonungslos selbst kritisierte (so schonungslos, wie mein Denken um sich selbst kreiste). Heute, viele Jahre später, geschieht es mir auch noch, dass ich mich zum Meditieren hinsetze und mein Geist völlig unkonzentriert ist. Aber im Gegensatz zu früher bin ich nicht mehr besonders überrascht davon und habe deshalb keine Minderwertigkeitsgefühle. Stattdessen bin ich einfach mit dem, was ist – in diesem Fall ist es einfach nur zerstreute Energie. Wirklich in der Gegenwart dieser zerstreuten Energie zu sein, ohne sie zu beurteilen, kann zu einem Gefühl der Gelassenheit führen.

Um uns von unseren Selbstverurteilungen zu befreien, müssen wir uns ihrer zunächst bewusst werden, vor allem, wie allgegenwärtig sie sind. Je mehr wir dieses zerstörerische Muster mit etwas Objektivität sehen können, desto weniger werden wir uns damit als das, was wir sind, identifizieren. Darum geht es in der Ich-Phase der Praxis.

Wenn wir dann mehr und mehr Gewahrsein auf das richten, was ist – sei es der Atem, die Klänge, die Luft –, können wir die enge mentale Welt der Selbstverurteilungen verlassen und die Weite des Seinsbewusstseins erfahren. Und als eine ständige Fortsetzung dieses Prozesses müssen wir in Bezug auf unsere unablässige Tendenz zur Selbstverurteilung die Haltung der Seinsgüte kultivieren. Die Fähigkeit, dem urteilenden Geist mit der Wärme und Freundlichkeit der Seinsgüte zu begegnen, ist vermutlich das stärkste Gegenmittel für unsere tief verwurzelte Tendenz, uns selbst zu verurteilen.

3 Kontrollstrategien

Wie die Nahrung, die wir zu uns nehmen, unseren Körper nährt oder ihm schadet, so können auch unsere Erfahrungen unser spirituelles Wesen nähren oder schwächen. Immer wenn wir uns mit selbstbezogenen Gedanken beschäftigen oder aus egoistischen Motiven handeln, nähren wir das kleine Selbst, das Ich-als-ein-Ich; im Gegensatz dazu stärken bewusste lebensbejahende Handlungen das Seinsbewusstsein oder das Ich-als-Bewusstsein.

„Schlechte" Nahrung oder Erfahrungen, denen wir ohne Bewusstheit begegnen, schwächen uns oftmals und zehren von unserer Energie für die Ausübung der Praxis. Die besten Beispiele dafür sind unsere Kontrollstrategien, wie zum Beispiel der Versuch, uns zu beweisen, oder es jedem recht zu machen. Wenn wir aus diesen Strategien heraus handeln, sind wir gewöhnlich so darin gefangen, dass wir in vollkommener Selbstbezogenheit leben, und die Energie, die wir brauchen, um diese Strategien aufrechtzuerhalten, hinterlässt oft ein Gefühl der Erschöpfung. Und gleichzeitig sind wir weiterhin voller Angst.

Die Wurzel dieses Dilemmas liegt darin, dass wir als Menschen ein uns innewohnendes Verlangen nach Sicherheit, Schutz und angenehmen Erfahrungen haben. Als Folge dessen entwickeln wir schon früh unsere Kontrollstrategien, um sicher zu gehen, dass unser Verlangen erfüllt wird. Aber weil diese Strategien unser Handeln bestimmen, wird unser Leben immer enger und wir werden immer weiter von unserem wahren Wesen, von unserem ursprünglichen offenen Herzen, getrennt. Die Energie, die zum Erwachen notwendig ist, wird somit verschwendet, um die Illusion der Kontrolle zu bewahren. Aber so sehr wir auch versuchen, unsere Illusionen aufrechtzuerhalten, trennt uns nicht alle nur ein Arztbesuch und die Diagnose einer schweren Krankheit von völligem Kontrollverlust? Aber weil diese Strategien oft zumindest eine zeitweilige Erleichterung bringen, bleiben wir in der Tretmühle unserer Strategien, bis wir – manchmal zu spät – erkennen, dass wir keine Energie mehr haben.

Es gibt drei gebräuchliche Kontrollstrategien: größere Anstrengung, die Suche nach Anerkennung und Flucht/Betäubung. Einige Menschen verwenden vielleicht nur eine oder zwei dieser Strategien, aber die meisten von uns nutzen alle drei.

Größere Anstrengung

Wenn wir von einer grundlegenden Angst erfüllt sind, dass wir nicht gut genug sind, ist es verständlich, dass wir eine Verhaltensstrategie entwickeln, um dem entgegenzuwirken. Eine dieser Strategien ist größere Anstrengung. So mag zum Beispiel der grundlegende Glaube folgender sein: „Wenn ich mich nur genug anstrenge, um mich zu beweisen, dann muss ich mich nicht minderwertig fühlen." Wir arbeiten also sehr viel, um produktiv zu sein, unseren Wert zu zeigen und uns in dem, was wir tun, zu verbessern. Vielleicht sind wir uns dabei gar nicht bewusst, wie sehr wir von der tiefen Angst, minderwertig zu sein, getrieben werden. Tatsächlich kann die Identifikation mit unserem Erfolg so stark sein, dass wir uns ein ganzes Leben lang etwas vormachen.

Manchmal zeigt sich die Strategie der Anstrengung, indem wir ständig beschäftigt sind oder uns unverzichtbar machen. Aber im Grunde versuchen wir nur, unseren eigenen Wert zu beweisen. Wir versuchen verzweifelt die verborgene Angst, nicht gut genug zu sein, zu vermeiden. Aber das Problem dabei ist, dass kein Erfolg ausreicht, weil die verborgene Angst gemieden wird. Und in alldem nähren wir das kleine Selbst, das Ich-als-ein-Ich, und machen es immer stabiler. Dass wir so viel zu tun haben, begründen wir oft mit der hektischen Geschwindigkeit des modernen Lebens, aber was wir tun, ist in Wirklichkeit eine Entscheidung, eine Kontrollstrategie.

Auf einer subtilen Ebene führt die Strategie der Anstrengung zu einem tiefen Gefühl der Ruhelosigkeit, und wir sind unfähig, das Einfachste und Wichtigste zu tun: im gegenwärtigen Moment zu verweilen und uns darin zu Hause zu fühlen. Der Zwang, etwas zu *tun* und aktiv zu sein, ist für viele Menschen so stark, dass einfach nur still zu sitzen, ohne irgendwo hinzugehen oder irgendetwas zu tun, zur Bedrohung wird. Die Angst, die als Folge dieses inneren Mangels aufsteigt, kann in ihrer Stärke von einer leichten Ängstlichkeit bis zu einer vollkommenen Panikattacke reichen. Die einzige Möglichkeit, um diese Gefühle zu durchschauen, ist ironischerweise zu lernen, uns dieses Gefühls des Mangels, des verunsichernden Gefühls, niemand Besonderes zu sein, bewusst zu werden. Wir können eine tiefe Erfüllung erfahren, wenn wir ohne ein bestimmtes Ziel präsent sein können – die Erfahrung der inneren Gelassenheit des Seins, egal, wo wir sind und wie wir uns fühlen.

Wenn wir realistisch sind, müssen wir anerkennen, dass der Drang, uns anzustrengen und uns zu beweisen, uns für Jahre beschäftigen kann, egal, wie sehr wir daran in unserer spirituellen Praxis arbeiten. Er erscheint möglicherweise immer wieder in Formen, die wir nicht so leicht erkennen können. Vor einigen Jahren durchlief ich eine Phase, in der ich in meiner Praxis völlig festzustecken schien. Obwohl ich immer noch ziemlich diszipliniert war und viele der hilfreichen Techniken, die ich über die Jahre gelernt hatte, anwendete, konnte ich nicht die Vitalität erreichen, die ich in meiner Praxis sonst erlebte. Erst als ich meine für wahr gehaltenen Gedanken tiefer angeschaut hatte, sah ich, dass ich in dem Glauben gefangen war, dass etwas nicht in Ordnung ist und ich deshalb eine Durststrecke in meiner Praxis erlebe. Ich sah, dass ich die Strategie der Anstrengung anwendete, und glaubte, dass ich meine Stimmung durch gesteigerte Anstrengungen kontrollieren könnte.

Aber mir wurde schließlich klar, dass an meinen Gefühlen nichts falsch war. Eine Durststrecke zu erfahren gehört einfach zu den Herausforderungen auf dem spirituellen Weg und zum Problem wird es nur, wenn wir es als schlecht beurteilen. Die Strategie der Anstrengung sorgt dafür, dass wir keine Leichtigkeit spüren und unsere Erfahrung nicht einfach so sein lassen, wie sie ist, denn für den kleinen Geist ist das gleichbedeutend mit einem Versagen. Schließlich ist die Strategie der Anstrengung genau dazu da, das Gefühl, nicht gut genug zu sein, zu vermeiden.

Wenn wir diese Strategie klar erkennen und mit unseren gewohnten Anstrengungen, die Situation wieder in Ordnung zu bringen, aufhören, können wir einfach mit dem sein, was ist. Ich begann zum Beispiel meine Durststrecke mit einer heiteren Neugierde zu beobachten und sie nicht länger als schlecht zu beurteilen. Und obwohl sie nicht sofort verschwand, löste sich die Hoffnungslosigkeit auf, die sie umgab, und es war kein Problem mehr.

Wenn unsere Kontrollstrategie größere Anstrengung ist, besteht unsere Praxis darin, unsere Beobachtungen mit Präzision zu erfüllen, um unsere Muster objektiver erkennen zu können. Wir müssen uns selbst nicht in Ordnung bringen; wir müssen sehen, was wir tun, und die Angst und Kontraktion im Körper spüren, die daher kommen, dass wir diese Strategie aufrechterhalten wollen. Wenn wir nach und nach die Angst erfahren, die dieser Strategie zugrunde liegt, wird das kontrollierende Verhalten ganz natürlich weniger zwanghaft und wir werden das Bedürfnis, uns selbst zu beweisen, mit sehr viel mehr Leichtigkeit sehen.

Die Suche nach Anerkennung

Die Suche nach Anerkennung ist die zweite fast universelle Kontrollstrategie. Es ist ganz natürlich, dass wir Anerkennung möchten – von anderen anerkannt zu werden, um Teil der Gruppe zu sein, ist eine instinktive Überlebensstrategie. Aber schon im frühen Kindesalter benutzen wir sie in einem anderen Sinne, wenn wir die Suche nach Anerkennung als Kontrollstrategie verwenden, um unsere Unsicherheiten zu verdecken und das Gefühl des Schmerzes in der tiefen Illusion der Minderwertigkeit zu vermeiden. Die Überzeugung ist hier: „Wenn ich dich dazu bringe, mich zu mögen, dann muss ich nicht den Schmerz der Minderwertigkeit spüren."

Es ist erstaunlich, wie allgegenwärtig die Suche nach Anerkennung ist; in der Tat ist es fast unser natürlicher Zustand als Menschen. Weil diese Dynamik uns ständig Energie entzieht – die Energie, die wir ansonsten zum Erwachen nutzen könnten –, müssen wir ihr während der Ich-Phase der Praxis unsere Aufmerksamkeit widmen. Anderenfalls wird diese Strategie mit dem weitermachen, was sie am besten kann: unsere Fähigkeit eines Lebens aus unserer natürlichen Seinsgüte zu blockieren.

Das Bedürfnis nach Anerkennung zeigt sich oft als eine allgegenwärtige Befangenheit, die manchmal von einer ängstlichen Anspannung unseres Seins oder einer subtilen Spannung in unserem Körper begleitet wird. Ein Schüler sagte mir, dass er sich ständig selbst beobachtete, während er eine Tasse Kaffee bestellte, um sicherzustellen, dass es gut aussah, wenn er die Bestellung aufgab und während er die Tasse in die Hand nahm. Das hört sich vielleicht absurd an, aber wenn wir bewusster werden, sehen wir, wie allgegenwärtig die Befangenheit in uns sein kann.

Eine andere Schülerin sagte mir, dass sie, wenn sie an einer roten Ampel anhält, zum Auto neben ihr und dann in den Rückspiegel schaut, und sich fragt, ob es gut aussieht, wie sie in ihrem Auto sitzt. Das hört sich vielleicht verrückt an oder wie etwas Banales, mit dem wir in der spirituellen Praxis nicht unsere Zeit verschwenden sollten, aber es ist eher die Norm als eine Ausnahme. Um mit den Bereichen zu arbeiten, in denen wir feststecken, müssen wir in uns selbst bis ins absurdeste Detail erkennen, wie sehr wir in der Suche nach Anerkennung gefangen sind. Wir können dann sehen, wie wir selbst einen Krümel des Lobs zu einem Vier-Sterne-Menü machen.

Oft führen wir einen ständigen inneren Dialog mit uns selbst, bei dem es nur darum geht, wie gut wir sind. Manchmal spüren wir die Angst, nicht gut genug zu sein; und ein anderes Mal fühlen wir die selbstzufriedene Freude, etwas gut gemacht zu haben. Aber sowohl die Angst als auch die Freude kommen aus derselben Quelle: dem Bedürfnis nach Bestätigung von außen, die uns das Gefühl geben soll, dass wir in Ordnung sind. Wir mögen uns zwar gut fühlen, wenn uns jemand Anerkennung gibt, aber wir erkennen nicht, dass wir damit einen Verband über eine tiefe Wunde legen.

Das Bedürfnis nach Anerkennung kann auch ein Versuch sein, die Angst des Getrenntseins zu vermeiden – das Gefühl existentieller Einsamkeit. Wenn wir zum Beispiel denken, wir hätten etwas Falsches gesagt, werden wir uns meist bemühen, es wieder richtigzustellen, um die Angst und das überwältigende Gefühl zu vermeiden, die mit dem möglichen Verlust von Verbundenheit einhergehen. Anstatt uns um Richtigstellung zu bemühen, können wir uns auch gelähmt fühlen und ziehen uns in einen schützenden Panzer zurück. Wir fürchten uns so davor, den Erwartungen des anderen nicht gerecht zu werden, dass wir aufgeben. Aber beide Strategien – die Bemühung, es wieder richtigzustellen oder der Rückzug, um Fehler zu vermeiden – halten uns in unserem Kokon der Angst fest.

Mit unserem Verstand mögen wir wissen, dass die Suche nach Anerkennung eine Sackgasse ist und unsere Mittel, um anderen gefallen zu können, begrenzt sind, aber unser Körper trägt die Anspannung in sich, die aus dem Glauben kommt, dass wir es jederzeit jedem recht machen sollten. Und natürlich basiert das auf den grundlegenden Ängsten des Minderwertigkeitsgefühls und des Gefühls, nicht gut genug zu sein.

Welche Praxis können wir hier anwenden? Zunächst müssen wir es bemerken, bemerken, bemerken. Meist sind wir so mit unserem Alltag beschäftigt, dass wir uns nicht die Zeit nehmen, innezuhalten und wirklich zu bemerken, wie sehr wir darin gefangen sind, anderen gefallen zu wollen. Aber es zu bemerken, *ohne* uns selbst zu verurteilen, ermöglicht es uns, nicht mehr so sehr mit unserem Verhalten identifiziert zu sein, und wenn das Bedürfnis nach Anerkennung auch weiterhin bestehen bleibt, werden wir sehen, dass es nicht unser Leben bestimmen muss.

Wenn wir etwas an uns bemerken und nicht mit Befangenheit darauf reagieren, entwickeln wir Selbsterkenntnis. Und je mehr wir sehen, desto verfeinerter wird diese Erkenntnis. An einem bestimmten Punkt spüren wir vielleicht Reue dafür, dass wir aus der künstlichen Suche nach Anerkennung leben. Wenn ich zum Beispiel erkenne, dass ich etwas nur sage, damit mich jemand mag, dann leuchtet eine innere Warnlampe auf, die mir sagt, dass ich von mir selbst getrennt bin. Das ist nicht das Gleiche wie ein Schuldgefühl, sondern vielmehr ein emotionales Verstehen, dass wir im Widerspruch zu unserem wahren Wesen handeln. Mit der Zeit ermöglicht diese Ebene des Verstehens, dass sich unser Verhalten von allein ändert.

Eine andere wichtige Praxis in der Arbeit mit der Kontrollstrategie der Suche nach Anerkennung ist die Fähigkeit, die grundlegende Angst vor Minderwertigkeit zu bejahen und zuzulassen. Sie zu bejahen bedeutet, dass wir bereit sind, darin zu verweilen – sie zu *fühlen,* sie physisch zu erfahren. Das mag weder leicht noch angenehm sein, aber letztendlich ist es weit weniger schmerzvoll, als in einem Zustand ständiger Angst zu leben, in dem wir äußere Bestätigung brauchen, um uns gut zu fühlen.

Aber letztendlich müssen wir wissen, wer wir wirklich sind. Das heißt, wir identifizieren uns nicht mehr damit, wie uns andere sehen, und wir suchen auch nicht im Außen, um unseren Wert zu messen. Stattdessen sind wir in der Lage, uns mit dem tieferen Sinn unseres Hierseins auf dieser Erde zu verbinden. Wenn ich zum Beispiel die Verbindung zu meiner grundlegenden Verbundenheit oder mit meiner ursprünglichen Absicht, aus der Seinsgüte zu leben, verliere, kann ich mich weiter in der Illusion verlieren, anderen zu gefallen oder Zurückweisung zu vermeiden. Aber wenn ich mich mit einer umfassenderen Erfahrung des Lebens verbinde, bestimmt das Bedürfnis nach äußerer Anerkennung nicht mehr meine Gefühle und mein Leben.

Wir *denken,* wir brauchen Anerkennung. Wie *denken*, dass wir geliebt werden müssen. Aber wie üblich ist es genau andersherum. Wenn wir spirituell reifen, entdecken wir, dass wir nicht geliebt werden *müssen* – das wirkliche Bedürfnis, wenn wir es so bezeichnen wollen, ist *zu lieben.* Zu lieben oder aus der Seinsgüte zu leben bedeutet, dass wir aus unserem ursprünglichen Sein leben – aus dem Zen-Herzen. Aber um zu lernen, aus unserer ursprünglichen Güte zu leben, müssen wir in der Regel zunächst mit dem arbeiten, was dem im Wege steht, und das ist zum großen Teil unser tief verwurzeltes und allgegenwärtiges Bedürfnis nach Anerkennung.

Flucht/Betäubung

Die dritte weitverbreitete Kontrollstrategie ist Flucht oder Betäubung, das heißt, wir benutzen entweder Ablenkungen, um unseren unangenehmen Gefühlen zu entkommen, oder wir verschließen und betäuben uns. Manchmal betäuben wir uns im Äußeren und reden uns ein, dass ein offensichtliches Problem nicht existiert. Aber wenn wir den Elefanten im Raum ignorieren, wird dieser davon nicht weggehen, egal, wie sehr wir möchten, dass er verschwindet. Aber noch öfter betäuben wir uns innerlich und unterdrücken unsere unangenehmen Gefühle.

Wenn wir zum Beispiel einen nahestehenden Menschen verlieren, werden wir eine natürliche Traurigkeit und Trauer spüren. Aber oft ist es schwer, in den unangenehmen Gefühlen der Trauer zu verweilen, und es ist sehr verbreitet, diese Gefühle zu verdrängen.

Die Alternative der Praxis ist, bereit zu sein, sich dieser Erfahrung zu öffnen. Wir können dies tun, indem wir die Gefühle der Traurigkeit und des Verlusts mit dem Einatmen in die Mitte unseres Brustkorbs atmen, und dann beim Ausatmen die Erfahrung so sein lassen, wie sie ist. Dieser Methode des Atmens in die Mitte des Brustkorbs werden wir in diesem Buch immer wieder begegnen und ihre Bedeutung kann nicht genug betont werden. Sie ermöglicht es uns, dass wir unsere Gefühle erfahren, ohne im Drama des Ich-Ballasts gefangen zu sein. Wenn wir zum Beispiel die Empfindung der Trauer – die Schwere, den Schmerz, die Sehnsucht – in die Mitte des Brustkorbs atmen, bleibt vielleicht die Trauer, aber das ganze Melodrama wird wahrscheinlich weg sein. Wenn wir unsere Gefühle so erfahren, anstatt sie zu unterdrücken und uns zu betäuben, können wir unser Leben offener und authentischer leben.

Eine andere subtile Methode, um uns zu betäuben, ist der Glaube, dass wir endlos Zeit hätten. Diese Illusion, an der wir alle zu einem gewissen Maße festhalten, gibt uns die Überzeugung, dass sich unser Leben auf unbestimmte Zeit bis in eine vage Zukunft fortsetzen wird. Wir sind uns kaum bewusst, dass wir mit diesem Glauben auf dünnem Eis unterwegs sind und die reale Tatsache verdrängen, dass unser Leben jederzeit und ohne Warnung und Vorbereitung enden oder sich radikal verändern kann. Wir treffen die Entscheidung all das zu verdrängen, um mit einem betäubten Autopiloten durchs Leben zu irren, und hoffen, dass wir nur nicht mit irgendetwas Unangenehmem konfrontiert werden. Ich sage nicht, wir sollten uns auf die Möglichkeit konzentrieren, dass uns etwas Schlimmes zustoßen könnte; das wäre ein Umweg um die gegenwärtige Wirklichkeit unseres Lebens. Das Wichtige dabei ist, dass wir nicht aufrichtig leben, wenn wir uns für eine Strategie entscheiden, die uns mit Scheuklappen leben lässt. Und wir werden uns dann auch kaum mit den Dingen auseinandersetzen, die wir anschauen müssen, um in eine tiefere Erfahrung des Lebens einzutreten.

Viel verbreiteter als Unterdrückung oder Betäubung ist die Strategie der Ablenkung, sei es durch Unterhaltung, Essen, Alkohol, Drogen oder sogar Arbeit. Diese Varianten der Abhängigkeit haben alle eines gemeinsam: die Vermeidung des allgegenwärtigen Gefühls der Unzufriedenheit. Aber die Erleichterung, die wir durch diese Strategie erfahren, ist immer zeitlich begrenzt, und wenn wir diesen Impulsen folgen, verschwenden wir Energie und finden immer noch keine bleibende Erfüllung. In der Tat führt unser abhängiges Verhalten, was immer es auch sei, oft zu Selbstverurteilung und Scham, was uns noch mehr Energie nimmt.

Unsere Fähigkeit, zu verstehen, dass das Leben keinen fixen Plan hat – und schon gar nicht *unseren* Plan –, ist offensichtlich sehr begrenzt. Wir bestehen auf unserer Anspruchshaltung, dass das Leben angenehm, voller Freude und leicht sein soll. Warum können wir nicht verstehen, dass die vollste und reichste Erfahrung des Lebens oft das Ergebnis der Schwierigkeiten des Lebens ist, die uns dazu zwingen, tiefer zu gehen? Ist die Enttäuschung nicht oft unser bester Lehrer? Um effektiv mit unseren Versuchen, durch Flucht und Betäubung angenehme Erfahrungen zu machen, arbeiten zu können, ist es wichtig, dass wir diese Dynamik zunächst als das erkennen, was sie ist: Eine konditionierte Kontrollstrategie, die immer wieder fehlschlagen wird, weil wir versuchen die innere Frustration zu verdrängen, die wir mit unserem Verhalten überdecken wollen. Wir sollten nie unser Verlangen nach angenehmen Erfahrungen unterschätzen; wir müssen erkennen, wie stark unser Verlangen danach ist, sowohl körperlichen als auch emotionalen Schmerz zu vermeiden.

Zwei subtilere Versionen dessen können wir in den falschen angenehmen Gefühlen sehen, die wir durch Selbstmitleid und Verwirrung erfahren. Diese beiden Kontrollstrategien sind sehr verführerisch und beide sind Versuche, das Fühlen unserer innersten Ängste zu vermeiden, wie zum Beispiel die Angst, in irgendeiner Weise nicht gut genug zu sein, oder die Angst vor Fehlern. In Selbstmitleid oder Verwirrung stecken zu bleiben scheint keine offensichtlichen Vorteile zu haben, aber wir müssen verstehen, dass wir uns dafür entscheiden, damit wir den intensiveren unangenehmen Gefühlen unserer Ängste entfliehen können. Wenn wir unsere besondere Dynamik der Flucht erkennen, müssen wir den schwierigen Schritt tun und unser abhängiges Verhalten aufgeben. Das ist sehr schwierig, besonders wenn wir es mit Verhaltensweisen wie Alkohol- oder Esssucht zu tun haben. Wir sind vielleicht diszipliniert genug, um mit unserem abhängigen Verhalten aufzuhören, aber wir könnten dies nur als Verhaltensänderung sehen, ohne uns mit der zugrunde liegenden Frustration auseinanderzusetzen. Das Wichtigste in unserer Arbeit mit unseren Fluchtstrategien ist, dass wir bereit sind, bis zur Wurzel des Problems zu gehen – dass wir uns der Anspannung der Frustration bewusst werden, die wir normalerweise nicht fühlen wollen. Mit der Zeit können wir das in sanfter Weise tun, ohne unsere Zähne zusammenzubeißen und es einfach zu ertragen. Mit der Zeit können wir unsere Anstrengungen mit Seinsgüte begleiten, wodurch sehr viel Raum um das entsteht, was vorher eine sehr schwierige und scheinbar unerträgliche Erfahrung war.

Wenn wir zum Beispiel die Tendenz haben, durch einen Gang zum Kühlschrank zu flüchten, wenn wir uns frustriert fühlen, besteht die Praxis nicht darin, dieses Verhalten über Nacht zu verändern. Stattdessen stehen wir vielleicht einfach am Kühlschrank und versuchen für die Dauer von drei Atemzügen die Frustration, die wir zu bedecken suchen, vollkommen zu spüren. Dann können wir entscheiden, ob wir essen oder nicht. Aber wie es auch immer ausgeht, zumindest haben wir uns mit der Wurzel des Problems mit etwas mehr Freundlichkeit und Leichtigkeit – statt der üblichen Schwere unseres urteilenden Geistes – auseinandergesetzt.

Es sollte mittlerweile klar geworden sein, dass der größte Teil der Auseinandersetzung mit unseren verschiedenen Kontrollstrategien, und in der Tat der größte Teil der Arbeit in der Ich-Phase der Praxis, ein Verständnis unserer persönlichen Psychologie voraussetzt. Das ist notwendig, weil viele der Blockaden, die ein Leben aus der Weite des Seinsbewusstseins oder der Herzensqualität der Seinsgüte verhindern, in unserer psychologischen Konditionierung wurzeln. Wir müssen diese Blockaden durchschauen – die Vorstellungen von uns selbst, unsere Ängste, unser Verlangen –, um uns mit dem Bewusstsein unseres wahren Wesens zu verbinden.

Aber der Grund, warum wir mit unseren Emotionen und Verhaltensstrategien arbeiten, ist nicht, um uns besser anzupassen und besser zu leben, was mehr der Aufgabe der traditionellen Psychologie entspricht, sondern alle Wirkungsweisen des kleinen Selbst zu *sehen* und zu *erfahren.* Wenn wir uns mit unserer Aufmerksamkeit und unseren Erfahrungen mit unserem Ich-Ballast beschäftigen, wird sich das Gefühl des „Ich" als getrenntes Selbst langsam von allein auflösen. Je mehr wir bereit sind in der Frustration und der Trennung zu verweilen, desto tiefer verstehen wir auch ihre Unwirklichkeit. So können wir uns unmittelbar mit dem verbinden, wer wir in Wahrheit sind und was unser Leben wirklich ist.

4 Die drei Säulen der Praxis

Zu einem bestimmten Zeitpunkt muss jeder auf dem spirituellen Weg seine grundlegendsten Ideen und Vorstellungen untersuchen und Fragen stellen wie: „Was tue ich hier?“ und „Was ist der Sinn des menschlichen Lebens?“ Wenn das lediglich Fragen des Verstandes sind, können sie auf verschiedene Arten beantwortet werden, um uns Erleichterung zu verschaffen. Aber diese Erleichterung, die wir vor allem durch ein Gefühl der Kontrolle erfahren, entsteht vor allem durch intellektuelles Verstehen und ist deshalb nur vorübergehend. Die Praxis des Erwachens kann nie auf einen intellektuellen Standpunkt reduziert werden, den wir dann als „Die Wahrheit“ bezeichnen. Um zu vermeiden, dass wir in die Falle konzeptueller Erklärungen gehen, müssen wir uns in unserer Erfahrung auf das grundlegende menschliche Problem konzentrieren, auf das die Praxis antwortet: dass wir nicht wissen, wer wir sind und dass wir uns von unserem wahren Wesen getrennt fühlen.

Heißt das, wir sollten nicht über die Praxis sprechen? Nein – es bedeutet nur, dass wir uns im Klaren darüber sein sollten, worüber wir reden. In der Tat ist die eigentliche Praxis klar und einfach, sie hat drei bestimmte und sehr spezifische Säulen: tägliche Meditation, Übung im Alltag und Vertiefung der Praxis durch Meditationsretreats.

Tägliche Meditation

Die erste Säule ist die stille, schweigende Sitzmeditation, in der Körper und Geist nach und nach zur Ruhe kommen können. Dafür gibt es eine gute Analogie: Stell dir ein Glas voll klarem Wasser mit etwas Schlamm am Boden vor. Nun stell dir vor, du rührst das Wasser um – dann siehst du nur noch unruhiges schlammiges Wasser. Das unruhige schlammige Wasser ist das Leben des Ich-Ballasts – voll von Angst und Verwirrung. Wir leben unser Leben und versuchen, die Kontrolle zu bewahren, ohne viel Klarheit darüber, was wir tun. Das Ergebnis: Wir rennen weiter ohne Richtung und Ziel herum.

Wenn wir das Glas hinstellen, beginnt sich der Schlamm am Boden abzusetzen und wir haben ein Glas mit klarem, stillem Wasser. Genauso ist es, wenn wir meditieren: Unser unruhiger Verstand wird nach und nach ruhiger werden und die normale Anspannung des Körpers wird sich entspannen. Diese Beruhigung oder Entspannung ist nicht nur ein psychologisches Phänomen; es geschieht auch im Körper. Es ist etwas sehr Beruhigendes, wenn wir uns nicht bewegen, während die Energie der Unruhe durch uns hindurchfließt. Wenn wir lernen still zu sein, nähren wir nicht länger die Unruhe, wir bringen nicht länger das Wasser in Bewegung.

Aber oft ist es sehr schwer, still zu sein; und es ist wahr, dass wir nicht immer Gelassenheit erreichen. Manchmal wird der unruhige Verstand weiter kreisen, egal, wie sehr wir uns auch bemühen, still zu sein. In der Tat kann in der Stille manchmal eine tiefe Unruhe zur Oberfläche unseres Bewusstseins aufsteigen. Aber trotzdem schafft mit der Zeit die stille, schweigende Meditation eine Qualität der Ruhe, mit der wir uns selbst im schlammigen Chaos des Alltags verbinden können.

Unsere Haltung ist neben dem Stillbleiben ein weiterer wichtiger Faktor der Meditation. Viele Lehrer betonen, wie wichtig es ist, in aufrechter Haltung zu sitzen, zum Teil, um den Geist wach zu halten. Obwohl eine aufrechte Haltung sicher empfehlenswert ist, glaube ich nicht, dass die körperliche Haltung, die wir einnehmen, annähernd so wichtig ist, wie die mentale Haltung. Die Absicht und Präsenz, die für die Meditation grundlegend sind, sind mit Sicherheit nicht von einer bestimmten Körperhaltung abhängig. Als ich zum Beispiel für längere Zeit krank war, musste ich im Liegen meditieren, da ich nicht die Kraft hatte, mit gekreuzten Beinen zu sitzen. Zunächst dachte ich, dass ich im Liegen nicht wirklich meditieren könne, aber nach und nach wurde mir klar, dass die körperliche Haltung nicht so wichtig war, wenn meine Absicht stark genug war. Aber als Menschen, die von Natur aus das Angenehme suchen, müssen wir immer darauf achten, dass unser Bedürfnis nach angenehmen Erfahrungen nicht unsere Meditation beeinträchtigt. Wir sollten still bleiben und eine disziplinierte Haltung einnehmen, um zu verhindern, dass unser Verlangen nach dem Angenehmen unsere Sitzhaltung bestimmt. Wir sollten niemals unterschätzen, wie groß unsere Anspruchshaltung für angenehme Erfahrungen ist.

Am Ende des Buches befindet sich ein Anhang, der grundlegende Meditationsanleitungen enthält, aber es ist sicher ratsam, einen guten Meditationslehrer zu finden, der persönliche Instruktionen geben kann. Es wird dir zumindest dabei helfen, eine Haltung zu finden, die deiner körperlichen Situation entspricht und gleichzeitig genügend Disziplin ermöglicht. Regelmäßiger Kontakt mit einem Meditationslehrer kann sowohl bei der Einführung in die Meditation als auch bei den vielen Schwierigkeiten helfen, die sich auf unserem kontinuierlichen Weg zum Erwachen unweigerlich einstellen werden. Der kleine Verstand ist sehr gewitzt und legt uns viele Steine in den Weg und bringt uns auf Umwege. Wir sollten zum Beispiel auf unsere Tendenz achten, uns zu sehr anzustrengen, um irgendetwas zu erreichen. Disziplin und Anstrengung sind zweifellos wichtig, aber Überanstrengung nicht. Wir können die Praxis ernst nehmen, ohne freudlos und verbissen zu sein.

Neben der Entwicklung einer guten Haltung müssen wir auch lernen, wie wir mit dem Geist umgehen. Ich empfehle, dass der

Übende die Meditation mit der fokussierten Aufmerksamkeit auf den Atem beginnt, um den unruhigen Geist zu umgehen. Dadurch wird es einfacher für den Geist und den Körper, sich zu beruhigen. Die Anleitung hierbei besteht darin, die spezifischen Empfindungen des Atems zu spüren, wie zum Beispiel die Kühle in der Nase beim Einatmen und die Empfindungen der Ausdehnung und Kontraktion in der Brust und im Bauch beim Ein- und Ausatmen. Wenn der Geist sehr unruhig ist – was sicher oft der Fall sein wird –, besteht die zusätzliche Anleitung darin, die Atemzüge von eins bis zehn zu zählen, wobei nur die *Ausatmung* gezählt wird. Du beginnst von Neuem, wenn du bei zehn angekommen bist, oder dich in deinem Gedankenstrom wiederfindest. Wenn der Geist sich beruhigt, erweitert sich die Aufmerksamkeit über den Atem hinaus und umfasst sowohl andere Körperempfindungen als auch Eindrücke der Umgebung, wie Geräusche und Lufttemperatur. Die Praxis dabei ist, einfach aufmerksam und wach zu sein. Bitte beachte, dass diese Anleitung, die sich zunächst einfach anhört, in der tatsächlichen Praxis sehr schwer sein kann.

Ein Teil des Lernprozesses in der Meditation besteht darin, dass wir uns aller Glaubenssätze bewusst werden, die wir darüber haben, wie Meditation sein sollte. Eines der größten Hindernisse ist wahrscheinlich die tief verwurzelte Annahme, dass wir uns durch Meditation besser fühlen werden. Aber bei der Meditation geht es nicht unbedingt darum, dass wir uns ruhig, klar oder entspannt fühlen. Diese Zustände werden sicher auftreten, aber wir verfehlen das Wesentliche, wenn wir uns darauf konzentrieren, angenehme oder besondere Erfahrungen zu machen. Bei der Meditation geht es darum, wach und bewusst zu sein, egal, wie unser momentaner Gefühlszustand ist. Es geht darum, einfach hier zu sein, und dann umfasst dies auch die Erfahrung der Zustände und Gefühle, die wir nicht mögen. Einer der wichtigsten Aspekte der Meditation ist also, dass wir alles, was in unserem Geist aufsteigt, im Gewahrsein erkennen, ob wir es nun mögen oder nicht. Wenn wir versuchen einen bestimmten Zustand zu erreichen, bleiben wir in der selbstbezogenen Welt des Ich-Ballasts gefangen. In der Tat stärkt das Anhaften an einen bestimmten Bewusstseinszustand nur den anhaftenden Geist – das Ich-als-ein-Ich. Im Gegensatz dazu ermöglicht uns paradoxerweise das objektive Gewahrsein für das kleine Selbst die Verbindung mit dem größeren Selbst des Seinsbewusstseins.

Besonders viel Aufmerksamkeit müssen wir der Anhaftung an unseren Gedanken widmen. Die spezifische Praxis der Benennung der Gedanken ist vielleicht das hilfreichste Werkzeug, um zu lernen, wie wir unsere Gedanken mit Klarheit beobachten können. Das ermöglicht es uns, auch zu erkennen, wie tief die Anhaftung an unsere Gedanken wirklich ist; und bis wir uns mit diesem Problem auseinandersetzen, sind wir unseren konditionierten Glaubenssätzen ausgeliefert. Das Benennen der Gedanken bedeutet, dass wir die Gedanken wortwörtlich wiederholen. Wenn wir während der Meditation zum Beispiel den Gedanken „Das Sitzen ist zu schwer“ bemerken, benennen wir den Gedanken und sagen „Ich habe einen konditionierten Gedanken: ‚Das Sitzen ist zu schwer‘“. Dieser Prozess hilft uns dabei, unsere Identifikation mit einem bestimmten Gedanken zu überwinden, in gewissem Sinne entziehen wir ihm unsere Anhaftung und unsere Identifikation. Es ist eine der wichtigsten Einsichten der Praxis, wenn wir unsere Gedanken nur als Gedanken sehen und nicht als „Die Wahrheit“.

Natürlich benennen wir nicht jeden Gedanken; würden wir das tun, dann wäre unsere Meditation viel zu unruhig. Die meisten Gedanken können in allgemeinen Kategorien benannt werden, wie „planen“, „phantasieren“, „Selbstgespräche“ usw. Wenn wir unsere eigenen Denkmuster besser kennen, sagen wir einfach ein Wort, das unser Muster am besten benennt, anstatt den ganzen konditionierten Gedanken zu benennen. Aber bei Gedanken, die einen starken emotionalen Inhalt haben, ist es ratsam, sie genauer zu benennen, weil diese Gedanken wahrscheinlich unser Denken und Handeln bestimmen.

Klar zu erkennen, was der Geist glaubt, ist ein wichtiger Aspekt der Meditation; ein weiterer wichtiger Aspekt ist, dass wir uns der physischen Erfahrungen des Körpers bewusst sind. Das ist sehr schwer, weil es einerseits oft unangenehm ist, und andererseits haben wir in diesem Bereich sehr wenig Training. Die eine Methode, die sich für mich am hilfreichsten erwiesen hat, um in der Erfahrung des gegenwärtigen Augenblicks zu verweilen, ist die Koan-Frage „Was ist das?". Dieser Frage folgt die ständig neue Konzentration auf die physische Wirklichkeit unseres Körpers und der Umgebung. Die Antwort auf diese Frage liegt nie im „Inhalt" unserer Erfahrung, was eine mentale Angelegenheit ist, sondern sie zeigt uns die unmittelbar gefühlte Erfahrung in diesem Moment.

Wenn wir dieses lebenslange Koan regelmäßig verwenden, ist unsere Meditation von Neugier geprägt – die Neugier, einfach die Wahrheit dieses Augenblicks erkennen zu wollen. Mit dieser Neugier verlassen wir die Ich-Phase der Praxis und begeben uns in die umfassendere Perspektive des Seinsbewusstseins. Je weniger wir in den Wolken unserer Gedanken und Gefühle *gefangen* sind, desto eher können wir mit ihnen aus der himmelsgleichen Qualität der Bewusstheit *in Beziehung sein.* Und wenn wir eine Neugier entwickeln, die bereit ist, alles, was erscheint, anzuschauen, dann begeben wir uns auch in die Qualität der Seinsgüte, weil wir unsere Erfahrung und uns selbst nicht mehr als schlecht verurteilen, sondern ohne Urteil annehmen.

Wenn wir lernen, unsere Meditation mit der Neugierde und Freundlichkeit der „Was ist das?"-Haltung zu üben, dann wird sich unser Alltag nach und nach erweitern. In der Tat, wenn unsere Meditation sich nicht auf unser tägliches Leben auswirkt – wenn wir zum Beispiel in Stille und Weite meditieren können, aber weiterhin wie bisher im Alltag emotional reagieren –, dann verfehlt unsere Praxis ihren Zweck. Die Meditation ist die Säule der Praxis, die es uns ermöglicht, Ausdauer, Neugier, Präsenz und Seinsgüte zu entwickeln, aber wir müssen daran arbeiten, diese Qualitäten in unseren Alltag zu bringen.

Der Alltag: Schwierigkeiten und Achtsamkeit

Die zweite Säule der Praxis ist die Übung im Alltag, was auch Schwierigkeiten mit einbezieht, die vom Stau auf der Autobahn bis zu Problemen in Beziehungen, mit Geld oder bei der Arbeit reichen können. Egal, wie subtil oder extrem das Problem ist, die Praxis ist immer die gleiche – zu lernen, wie wir diese Schwierigkeiten dazu benutzen können, immer freier von Konditionierungen und der Beengtheit durch Angst zu werden.

In den letzten 20 Jahren wurde diesem Aspekt der Praxis immer mehr Aufmerksamkeit gewidmet, aber meistens geht diese Aufmerksamkeit nicht über die Empfehlung hinaus, den Alltag zu einem Teil der Praxis zu machen. Oft gibt es nur wenig Anleitung, wie genau das getan werden kann. Und weil unsere Konditionierungen sehr tief reichen, werden wir ohne spezifische Anleitungen wahrscheinlich dazu zurückkehren, unsere Probleme durch das Erlangen eines Zustands der Ruhe oder der inneren Weite lösen zu wollen. Aber bis wir die schwierige Anstrengung unternommen haben, uns von den tief verwurzelten Programmierungen unserer frühen Kindheit zu befreien, werden diese Muster weiterhin in unserem Alltag zum Ausdruck kommen.

Der erste Schritt im Umgang mit Schwierigkeiten im Alltag ist die Entwicklung der Erkenntnis, dass unsere Schwierigkeiten tatsächlich ein wichtiger Teil unseres Weges zum Erwachen sind. Oft vergessen wir, dass Enttäuschungen unserer bester Lehrer sein können. Wir vergessen, dass Rückschläge auf dem spirituellen Weg unumgänglich sind und dass es unser Glück ist, dass die Härten des Lebens uns oft in eine Richtung drängen, in die wir allein nie gegangen wären. Ohne die Schwierigkeiten des täglichen Lebens und einer Praxis, die uns darauf vorbereitet, ihnen mit Bewusstheit zu begegnen, ist es unwahrscheinlich, dass unsere Praxis jemals die Schichten der festen Panzerung und Konditionierung durchdringen wird.

Wenn wir das einmal verstanden haben – dass die Praxis *alles* mit einschließt –, können wir die spezifischen Methoden anwenden, die wir in der ersten Säule der stillen Meditation lernen. Wenn wir uns zum Beispiel in einer emotional herausfordernden Situation befinden, ist es wichtig, dass wir unsere Gedanken, unsere Vorstellungen und unsere Erwartungen klar erkennen. Und genauso wichtig ist, dass wir mit einem neugierigen Geist fragen: „Was ist das?" Und dass wir dann in der Antwort verweilen, die immer in unserer direkten körperlichen Erfahrung des gegenwärtigen Augenblicks liegt.

Beide Methoden der Praxis – unsere Gedanken klar zu erkennen und die Wirklichkeit unseres Lebens körperlich zu spüren – werden durch eine Geisteshaltung verstärkt, in der wir bereit sind, die Schwierigkeiten anzunehmen und zu bejahen. Diese Haltung entwickelt sich mit dem zunehmenden Widerwillen gegenüber jeder Form von Selbstzufriedenheit. Durch diese Bejahung können wir uns in unbekanntes Gebiet vorwagen, selbst wenn uns die Stimme der Angst sagt, dass wir nicht weitergehen sollten. Weil wir verstehen, dass wir ohne diesen Schritt für immer stecken bleiben würden, sind wir bereit, uns ganz neu auf das Leben einzulassen.

Die Praxis im Alltag ist auf dieser Ebene besonders schwierig, wenn unser Geist in Selbstzweifel und Verwirrung gefangen ist. Wie verbinden wir uns in solchen Momenten wieder mit dem Herzen, das erwachen will? Wenn alles im Dunkeln liegt und die Lage aussichtslos zu sein scheint; wenn unsere Absicht schwach geworden ist – dann gibt es immer eines, das wir sofort tun können: tief in die Mitte unseres Brustkorbs einatmen und im Ausatmen die gleiche Wärme und das gleiche Mitgefühl, das wir für einen geliebten Menschen in einer schwierigen Situation fühlen würden, auf uns selbst zu richten. Wenn wir in unser Herz atmen und uns auf der körperlichen Ebene mit der Mitte unseres Seins verbinden, können wir uns selbst mit Seinsgüte begegnen, selbst wenn wir von der Seinsgüte getrennt zu sein scheinen.

Das wird uns dabei helfen, die Schichten von Schutz und Panzerung zu durchbrechen, die wir alle in der falschen Hoffnung angesammelt haben, dass wir uns dadurch sicherer fühlen.

Wir werden dies zunächst vielleicht nur für ein oder zwei Atemzüge tun können. Besonders wenn wir verzweifelt sind, müssen wir erkennen, dass unsere Konditionierung sehr tief ist und dass es sehr lange dauern kann, bis wir uns von den tief verwurzelten emotionalen Reaktionen befreien können. Wenn wir das verstehen, werden wir nicht so rücksichtslos mit uns selbst umgehen. Und wenn wir uns mit der Zeit immer weniger verstellen und nicht mehr so stark an unseren Vorstellungen von uns selbst festhalten, wird es möglich, für längere Zeit die Seinsgüte nach innen zu richten. Und dadurch werden wir direkter und tiefer erfahren, was das Leben eigentlich ist.

In gewisser Weise können wir unsere Anstrengungen, im Alltag bewusster zu werden, mit der Stärkung des Körpers durch eine gesunde Diät vergleichen. Anstatt unser konditioniertes Verhalten zu wiederholen, welches das kleine Selbst stärkt – das Ich-als-ein-Ich –, werden wir uns dieser Konditionierungen bewusst, sehen die Glaubenssätze, die dabei zum Ausdruck kommen, und sind bereit in der körperlichen Erfahrung zu verweilen, die damit einhergeht. Jeder Moment, in dem wir versuchen bewusster zu sein, stärkt unser Ich-als-Bewusstsein und ermöglicht, dass unser Leben über die engen Grenzen des Ich-als-ein-Ich hinausgeht und in der Weite des Seinsbewusstseins verweilt.

Der Umgang mit den Schwierigkeiten des täglichen Lebens ist nicht die einzige Möglichkeit, um Seinsbewusstsein zu entwickeln. Es ist auch wichtig, dass wir erwachter *leben,* was heißt, dass wir stärker mit unseren Sinnen, anderen Menschen und mit der Umgebung verbunden sind. Das Wichtigste ist *hier zu sein* und nicht nur an Problemen zu arbeiten. Ein erwachtes Leben beinhaltet oft auch spezifische Methoden, die uns dabei unterstützen, die Wirklichkeit jenseits von Konzepten zu *erfahren* – jenseits der Welt der Gedanken, in der wir normalerweise so viel Zeit verbringen. Eine dieser Übungen im Alltag, die viele Praktizierende hilfreich finden, ist die Verwendung eines „Tagesmenüs", bei dem wir uns jeden Tag auf einen anderen Bereich der Praxis konzentrieren. An einem Tag kann das zum Beispiel bedeuten, dass wir

Klängen aufmerksam zuhören, vom Augenblick des Aufwachens bis zum Schlafengehen. Mit der Zeit entwickelt sich dadurch die Fähigkeit, nicht nur die äußeren Klänge zu hören, sondern auch die subtileren Klänge. Des Weiteren lernen wir mit dem ganzen Körper zu hören, anstatt nur mit unseren Ohren. Andere Beispiele dieser Praxis nach einem Menü sind die Aufmerksamkeit auf den Atem, wie er in den Brustkorb ein- und ausströmt; die Beobachtung von Schatten; sich der eigenen Hände bewusst zu sein usw.

Diese Menüpraktiken helfen uns dabei, aus unserem Kopf zu kommen und eine körperliche Erfahrung der Wirklichkeit zu entwickeln. Vielleicht verwenden wir auch einen kurzen Aphorismus als unser Tagesmenü und kehren immer wieder dazu zurück und benutzen ihn als Anker, um uns an das Wichtigste zu erinnern. Einer meiner Lieblingsaphorismen ist zum Beispiel, mir den Zen-Vogel auf meiner Schulter vorzustellen, der mich fragt: „Wirst Du heute sterben?" Für mich ist das kein düsteres Nachdenken, sondern vielmehr eine Erinnerung, um mit Leichtigkeit darüber zu reflektieren, was wirklich wichtig ist. Andere Sätze, die ich als hilfreich empfinde, sind „Nur dies!" oder „Was ist die Übung dieses Augenblicks?" oder „Was erfahre ich jetzt?". Im Anhang „Die wichtigsten Gedächtnisstützen" habe ich eine Liste weiterer Praxishilfen aufgeführt.

Eine weitere besonders gute Praxis mit Verwendung eines Aphorismus ist das Austauschen des Wortes „ich" durch das Wort „es". Anstatt zu sagen „Ich habe Angst" oder „Ich bin verletzt", würden wir sagen „Es hat Angst" oder „Es ist verletzt". Wenn wir „es" sagen, wird die Identifikation mit unserem Gefühl – mit dem Ich-als-ein-Ich – unterbrochen. Je weniger wir uns mit dem Ich-als-ein-Ich identifizieren, desto weniger sind wir von der Zustimmung anderer abhängig und desto weniger Angst werden wir davor haben, verletzt zu werden. Weil wir nicht länger die emotionale und körperliche Anspannung ausdrücken, die mit unserer ichbezogenen Selbstsorge einhergeht, können wir mehr und mehr aus einer Haltung der Leichtigkeit und der Gelassenheit leben.

Wenn wir mit einem Praxismenü arbeiten, können wir die Aphorismen oder Methoden verwenden, die für uns am besten sind, wenn sie uns aus der engen Welt des Ich-Ballasts in eine weitere Erfahrung des Lebens bringen. Jedes Mal, wenn wir uns des Satzes erinnern oder uns an die Menüpraktiken erinnern, die mit unseren Sinneswahrnehmungen, wie dem Hören von Klängen, arbeiten, dann stärken wir das Ich-als-Bewusstsein. Diese Absicht und fokussierte Anstrengung ermöglicht eine größere Erfahrung des Lebens, indem wir das tägliche Leben als eine der wichtigsten Säulen unserer Praxis verstehen.

Retreats

Die dritte Säule der Praxis ist, dafür zu sorgen, dass wir regelmäßig an Meditationsretreats teilnehmen, bei denen wir die Möglichkeit haben, alle Aspekte der Praxis zu vertiefen. Retreats schaffen eine künstliche Umgebung, minimieren äußere Ablenkungen, so dass wir tiefer nach innen schauen können. Meditationsretreats dauern in der Regel zwischen drei und zehn Tagen. Oft beginnen sie um fünf oder sechs Uhr morgens und dauern bis neun oder zehn Uhr abends. Der Ablauf von Retreats ist verschieden, manche finden in völligem Schweigen statt, bei anderen sind Gespräche teilweise erlaubt. Bei den meisten Retreats wird darauf Wert gelegt, dass sich die Teilnehmer strikt an die Abläufe und Rituale halten, aber es gibt auch Retreats, die in einer lockeren Atmosphäre stattfinden. Die meisten Retreats bestehen aus vielen Stunden der Sitz- und Gehmeditation. Im Zen-Center San Diego, wo uns Schweigen und stilles Sitzen wichtig sind, empfehlen wir den Übenden, zunächst mit kürzeren Retreats zu beginnen, um mit der Länge des Retreats nicht überfordert zu sein. Bei uns sind auch regelmäßige Gespräche mit dem Lehrer Teil des Retreats, damit die Übenden die Möglichkeit haben, die vielen Fragen und Schwierigkeiten anzusprechen, die während eines Retreats auftauchen können.

Retreats können zum Teil eine Art „bewusstes Leiden“ sein, weil die Teilnehmer womöglich die körperliche Herausforderung langer Sitzperioden und die emotionale Herausforderung, die durch das Öffnen der Pandoraschachtel unserer Gefühle entsteht, erfahren. Wir bringen uns dabei absichtlich in eine Situation, in der wir dazu aufgefordert sind, uns mit Schwierigkeiten auseinanderzusetzen. Die Situation eines Retreats kann uns in einer Weise herausfordern, wie wir es allein nie tun würden. Aber wenn wir das aus eigener Absicht tun und dadurch unser Leiden benutzen, um bewusster zu werden, kultivieren wir das Seinsbewusstsein. Jedes Mal, wenn wir uns anstrengen, in unserer Erfahrung zu verweilen, besonders wenn es uns schwerfällt, ist das eine Stärkung unseres Wesens und fördert Qualitäten wie Ausdauer und Gelassenheit. Und weil uns Retreats die Möglichkeit geben, uns den ganzen Tag über, jeden Tag, dieser Anstrengung zu widmen, sind sie eine der besten Möglichkeiten, tiefer zu gehen.

Übende beurteilen oft ein Retreat als gut oder schlecht, je nachdem, wie sie sich danach fühlen. Wenn wir Ruhe und Weite empfinden, denken wir, es sei ein gutes Retreat gewesen. Wenn wir Entmutigung oder Verwirrung spüren, wird es oft als schlechtes Retreat bewertet. Aber das wirkliche Kriterium für die Qualität eines Retreats ist nicht, wie wir uns fühlen, sondern, was wir gelernt haben, und das kann sehr subtil sein und ist vielleicht nicht sofort sichtbar. Manchmal fühlen wir uns nach einem Retreat sehr schlecht und wissen womöglich noch Tage danach nicht, was wir dabei gelernt haben. Ich erinnere mich daran, dass ich nach dem Ende eines Retreats einmal völlig entmutigt war und mich sogar fragte, warum ich überhaupt daran teilgenommen hatte. Aber einige Stunden später, als ich im Flugzeug nach Hause saß, hob sich von ganz allein der Schleier zwischen mir und der „Wirklichkeit“ und dadurch erfuhr ich eine Klarheit, die tiefer reichte, als alles, was ich bisher erlebt hatte. Während ich im Flugzeug saß, tat ich nichts Bestimmtes, um das herbeizuführen; aber das, was ich als vergebliche Anstrengung während des Retreats gesehen hatte, brauchte nur Zeit, um integriert zu werden. Nach dieser

Erfahrung veränderte sich meine Beziehung zu Retreats grundlegend, und ich beurteile sie nicht länger danach, wie ich mich dabei fühle, sondern sehe sie seitdem vielmehr als Möglichkeit, auf einer tieferen Ebene etwas zu lernen.

Und wenn ich hier über das Lernen spreche, meine ich nicht die Ansammlung konzeptuellen Wissens, bei dem wir mehr Fakten aufnehmen; in der Praxis ist der Lernprozess auf unserer Erfahrung gegründet. Ohne dieses Element der Erfahrung und ohne innere Auseinandersetzungen bleibt unser Verständnis nur konzeptuell. Die Praxis wird nur dann transformativ sein, wenn nicht nur unser Wissen wächst, sondern unser Seinsbewusstsein zunimmt. Das heißt aber nicht, dass wir dadurch als „Ich" besser werden; sondern es bedeutet, dass wir mehr mit unserem wahren Wesen und der Wirklichkeit des Lebens verbunden sind.

Ein Beispiel für den Lernprozess beim Retreat können wir anhand einer weitverbreiteten Meditationsanleitung verfolgen: der Konzentration auf den Atem.

Zunächst verstehen wir das im Allgemeinen so, dass wir sehr konzentriert auf den Atem achten sollten. Während eines Retreats folgen wir dieser Praxis und haben dabei oft die Idee, dass wir, wenn wir unsere Konzentration auf dem Atem halten, schließlich ruhiger werden. Das ist, was sich die meisten Menschen in der Ich-Phase der Praxis unter Meditation vorstellen.

Wenn wir für einige Zeit mit dieser Praxis gearbeitet haben, wird sich unser Verständnis vielleicht verändern. Während wir meditieren und uns durch die langen Stunden des Retreats kämpfen, ereignet sich oft ein Wandel vom Versuch, ruhig zu werden, zum Verständnis des Atems als eines größeren Gefäßes der Bewusstheit – der Raum, in dem wir unsere Gedanken und Gefühle erfahren. An diesem Punkt bewegen wir uns von der Ich-Phase der Praxis zum Seinsbewusstsein und entwickeln eine umfassendere Erfahrung des Lebens.

Aber das Gewahrsein des Atems kann mit der Zeit noch tiefer führen. Wenn wir das Gewahrsein des Atems in vielen Retreats üben, kann es zu einem Referenzpunkt oder einem Tor zur Wirklichkeit werden. Und schließlich tritt an die Stelle einer disziplinierten Konzentration auf den Atem eine fast mühelose Aufmerksamkeit. Dann werden wir uns dessen gewahr, dass der Atem sich selbst atmet, wie ein leichter Wind, der durch uns hindurchweht, ohne Mühe. Der Atem berührt sanft das Herz und verbindet uns ganz natürlich mit der Wärme der Seinsgüte. Paradoxerweise ist das zugleich wundervoll und nichts Besonderes.

Zusammenfassend können wir sagen, dass die Anwendung des Atems für unsere Bewusstheit ganz verschieden verstanden werden kann; aber damit wir über den mentalen Bereich hinausgehen können, muss unser Verständnis in unserer Anstrengung zu erwachen gegründet sein. Das ist nur ein Beispiel dafür, warum Retreats so wertvoll sind: Sie eröffnen uns die Möglichkeit, unser Lernen in tiefere Ebenen zu führen, wo wir immer in unserer eigenen Erfahrung verwurzelt sind.

Dies sind drei der wichtigsten Säulen der spirituellen Praxis – stille Meditation, die Übung im Alltag und die Teilnahme an Retreats. Aber bitte denk daran, dass wir immer wieder zur umfassenden Perspektive der Praxis zurückkehren müssen: zur Wirklichkeit des Lebens zu erwachen und aus der Seinsgüte zu leben, die unser wahres Wesen ist.

Nur wenn diese Säulen der Praxis in diesem größeren Kontext gesehen werden, können wir vermeiden, dass wir uns in einer kleineren Sicht der Praxis verfangen, in der wir die Praxis nur als stilles Sitzen, als Klärung unserer psychologischen Konditionierung oder nur als das tiefere Lernen, das bei Retreats möglich ist, verstehen. Bei der Praxis geht es nicht *nur* um irgendetwas Bestimmtes. Die umfassendere Sicht beinhaltet alle Säulen der Praxis, wird aber davon weder begrenzt noch bestimmt.

5 Die Praxis der drei Atemzüge

Manchmal sind die einfachsten Praxismethoden auch die effektivsten. Wir können davon ausgehen, dass alle Methoden missbraucht werden können; es ist leicht, sie als Techniken der Selbstverbesserung zu verwenden, anstatt sie als Mittel zum Erwachen zu benutzen. Wir können uns auch in den Methoden selbst verlieren und die größere Perspektive der Praxis aus den Augen verlieren. Aber trotzdem mag der Fokus auf Techniken für lange Zeit notwendig sein. Mit der Zeit werden sich gute Techniken nach und nach auflösen und die ihnen innewohnende Erkenntnis wird Teil von uns.

Die bewusste Pause

Eine einfache aber sehr effektive Technik ist die Praxis der drei Atemzüge. In der Regel gibt es viele Momente im Laufe des Tages, in denen wir „innehalten" – dass heißt, wir werden bewusst. Leider dauern diese Momente meistens nur ein paar Sekunden; danach fallen wir wieder in den Zustand des wachen Schlafens zurück, in dem wir unbewusst und in unseren Gedanken und unserem persönlichen Drama verloren sind. Wenn du deinen eigenen Prozess beobachtest, wirst du sehen, dass das zutrifft. Die Praxis der drei Atemzüge ist eine Möglichkeit, uns zu helfen, diese Momente der Bewusstheit auszudehnen, nicht nur während der Meditation, sondern auch im Alltag.

Mit der Praxis der drei Atemzüge bringen wir eine bewusste Pause in unseren gewöhnlichen Zustand des wachen Schlafens, eine Pause, die drei volle Atemzüge umfasst. Und so funktioniert es: Wann immer du für einen Moment innehältst, folgst du der bewussten Absicht, für mindestens drei Atemzüge darin zu verweilen. Du musst dich nicht notwendigerweise nur auf den Atem selbst konzentrieren, sondern du wirst dir der ganzen Erfahrung dieses Augenblicks bewusst, was immer es auch sein mag.

Wenn du zum Beispiel inmitten von Ungeduld „aufwachst", versuchst du nicht geduldig zu werden. Du fühlst einfach – fühlst vollkommen – die körperliche Stimmung der gegenwärtigen Erfahrung, Ungeduld und alles andere mit eingeschlossen. Wir verpflichten uns dazu, für drei volle Atemzüge in dieser Erfahrung zu verweilen.

Durch die Praxis der drei Atemzüge können wir ein ganz bestimmtes Gespür für das „Hiersein" entwickeln. Versuch dieses kurze Experiment: Sei dir zunächst deines Atems bewusst und fühle die Kühle, wie sie in deine Nase eindringt. Während du im Spüren des Atems verweilst, sei dir auch des Raumes bewusst. Und während du im Gewahrsein der Luft und des Raumes verweilst, werde dir nun der Erfahrung des Körpers bewusst. Konzentriere dich nicht auf bestimmte Empfindungen, sondern auf das allgemeine Gefühl oder die Gestalt des Körpers im Raum, die Wahrnehmung deiner eigenen Präsenz, deines Seins, wenn du einfach nur dort sitzt und im Raum atmest. Und nun verweile darin für drei Atemzüge mit aller Bewusstheit, die dir möglich ist. Wenn du das tun kannst, wirst du erfahren, wie präsent du bist, ganz hier, und mit einem Gefühl der Weite jenseits der engen Grenzen der gewöhnlichen Wahrnehmung.

Die Praxis der drei Atemzüge ist so hilfreich, weil wir sie ohne intensive oder langwierige Anstrengung üben können. Sie ist kurz und einfach, und wir können sie oft im Laufe des Tages praktizieren, egal, wie wir uns fühlen. In der Tat kann es genauso hilfreich sein, diese Praxis zu üben, wenn wir uns glücklich und sorglos fühlen, als wenn wir uns emotional niedergeschlagen fühlen.

Wir wissen alle, dass es nicht ausreicht, einfach nur erwachen zu wollen, die Kräfte der Trägheit sind kraftvoll und unnachgiebig. Aber diese einfache Praxis, die nicht besonders kompliziert ist, kann Augenblicke der Klarheit und Präsenz in unseren gewöhnlichen Nebel des wachen Schlafens bringen. Verweile einfach in diesem Augenblick und erinnere dich daran, „ihn zu fühlen" – zumindest für drei volle Atemzüge.

Verweilen im Schmerz

Eine weitere interessante und sehr effektive Anwendung der Praxis der drei Atemzüge können wir üben, wenn wir uns inmitten schmerzhafter und leidvoller Erfahrungen wiederfinden. In solchen Zeiten ist es in der Regel schwer, den Fokus zu bewahren, weil wir eine natürliche Abneigung gegen das Unangenehme haben. Aber durch die Verwendung der Praxis der drei Atemzüge ist es oftmals möglich, mit dem unwilligen Ego „einen Vertrag zu schließen", indem du ihm sagst, dass du nur für die Dauer von drei Atemzügen in der unangenehmen Erfahrung verweilen wirst.

Das Ego ist bereit, auf diese Vereinbarung einzugehen, weil es die Illusion der Kontrolle aufrechterhalten kann – was das wichtigste Ziel des Egos ist. Die Praxis besteht also darin, dass wir dem kleinen Geist sagen, dass wir den emotionalen Schmerz nur für die Dauer von drei Atemzügen spüren werden, danach kann er wieder entscheiden, worauf er seine Aufmerksamkeit lenken möchte. Achte darauf, dass du diese Vereinbarung einhältst; nach den drei Atemzügen kannst du wieder in deine gewöhnlichen Ablenkungen abgleiten. Und nach einer Weile triffst du die gleiche Vereinbarung und fühlst wieder für drei Atemzüge den emotionalen Schmerz.

Das Erstaunliche an dieser besonderen Form der Praxis der drei Atemzüge ist, dass das Ego sich so bereitwillig darauf einlässt. Oft werden schwierige Erfahrungen durch unseren Widerstand noch viel schwieriger. Aber wenn sich der Widerstand verringert, wenn auch nur für drei Atemzüge, wird klar, dass sich der Widerstand nur gegen tief verankerte Gedanken und manchmal intensive körperliche Empfindungen richtet. Je öfter wir in diese unangenehmen Erfahrungen hineingehen und sie fühlen, desto mehr verstehen wir, dass es schmerzvoller ist, die Erfahrung abzulehnen, als sie wirklich zu fühlen. Diese wichtige Erkenntnis können wir mit jeder Übung der drei Atemzüge tiefer verstehen.

Suchttendenzen

Eine weitere Anwendung der Praxis der drei Atemzüge können wir üben, wenn wir in Abhängigkeiten gefangen sind, wie zum Beispiel phantasieren, im Internet surfen oder in ständiger Geschäftigkeit. Diese Tendenzen sind oft sehr verführerisch und oft haben wir wenig Interesse daran, sie aufzugeben. Aber wie beim Umgang mit Schwierigkeiten ist es möglich, ein Abkommen mit dem Ego zu schließen – in diesem Fall mit der Gestalt des Egos als abhängiger Geist –, indem wir die Absprache treffen, für drei Atemzüge zur Wirklichkeit zurückzukehren. Danach gehst du wieder willentlich zu deinem gewohnten Verhalten zurück.

Stell dir zum Beispiel vor, du sitzt am Computer und surfst gedankenlos von einer Seite zur anderen und verlierst deine Zeit mit gewohnheitsmäßiger Geschäftigkeit. Vielleicht wachst du einen Moment lang auf und wirst dir bewusst, was du da tust. Es wäre unrealistisch, zu denken, dass du dann einfach aufhören und weggehen könntest – wir wissen alle, dass Abhängigkeiten nicht besonders gut auf rationale Überlegungen oder gar Selbstdisziplin ansprechen. Aber was der abhängige Geist vielleicht bereit ist zu tun, ist eine Pause für drei Atemzüge zu machen, vor allem weil er weiß, dass er schon sehr bald wieder das Steuer übernehmen wird.

Für drei volle Atemzüge begeben wir uns ganz in die Erfahrung der Abhängigkeit. Das ist eine körperliche Erfahrung und beinhaltet auch die Erfahrung von Bewegung und Energie im Körper. Wir versuchen nicht, die Sucht zu überwinden, sondern wir spüren das unangenehme Gefühl, das sich in den Gewohnheiten der Abhängigkeit ausdrückt. Nach den drei Atemzügen kehrst du zum wachen Schlaf zurück. Und nach einer gewissen Zeit triffst du wieder diese Vereinbarung. Und dann ein weiteres Mal. Nachdem du das einige Male wiederholt hast, wirst du vielleicht entdecken, dass der Kreislauf der verführerischen Kraft der Abhängigkeit natürlicherweise durchbrochen wird.

Den Wert der Praxis der drei Atemzüge erfahren wir nur, wenn wir sie üben. Und dazu müssen wir nur unsere bewusste Aufmerksamkeit auf unsere Praxis richten, jedes Mal für drei Atemzüge. Ich gebe zu, das ist eine sehr einfache Methode. Aber es ist wichtig, zu tun, was wir können, dann werden sich die kleinen Anstrengungen nach und nach verstärken und unsere Lebensqualität beeinflussen. Bei der Praxis geht es nicht um alles oder nichts.

TEIL 2

Die Grundlagen des Seinsbewusstseins

6 Die Eigenschaften des Erwachens

Welche Übungen sind auf dem Weg des Erwachens am effektivsten? Welche Eigenschaften sind in der Praxis wichtig? Drei Eigenschaften haben sich für mich als grundlegend wichtig erwiesen: Beharrlichkeit, Neugier und Mitgefühl. Ohne diese Qualitäten wird es sehr schwer sein, den Schritt von der Ich-Phase zu den Phasen des Seinsbewusstseins und der Seinsgüte zu machen.

Beharrlichkeit

Wie du sicher weißt, sind Höhen und Tiefen in der Praxis voraussehbar und unvermeidlich. In der Tat ist es ein Zeichen der Reife in der Praxis, wenn wir von den Tiefpunkten und Widerständen der Praxis nicht überrascht werden und wissen, was wir in diesen Momenten tun müssen. Wenn wir zum Beispiel ausreichend Meditationsretreats besucht haben, wissen wir, dass wir nach einem besonders intensiven Retreat wahrscheinlich von einer ebenso intensiven Welle des Widerstands getroffen werden. Es mag nicht gleich passieren, aber früher oder später wird es wahrscheinlich eintreffen. Was ist das Gegenmittel in Situationen des Widerstands? Ist die Antwort nicht immer Beharrlichkeit?

Beharrlichkeit bedeutet, dass wir der Praxis treu bleiben, egal, wie wir uns fühlen. Auch wenn wir uns nicht motiviert fühlen oder uns kaum daran erinnern können, warum wir praktizieren, so wissen wir doch um die Notwendigkeit, nicht aufzugeben. Wir wissen, dass wir zumindest die Übung fortsetzen müssen. In der Tat ist Beharrlichkeit im Angesicht von Enttäuschung und Widerständen oft die tiefste Lernmöglichkeit. Wir alle erleben Zeiten mit den stärksten Widerständen, wo wir uns auf unserer Suche vielleicht vollkommen verloren fühlen. Wer kennt nicht Gedanken wie „Das werde ich nie verstehen", „Ich werde mich nie ausreichend anstrengen" oder „Was soll das Ganze?". Aber indem wir weiter praktizieren – mit Beharrlichkeit – auch wenn wir uns nicht daran erinnern können, warum wir üben, lernen wir, tiefer in unser Leben einzudringen. Wenn wir einfach nur in der direkten oder körperlichen Erfahrung des Zweifels verweilen – dem Wissen, dass wir nicht wissen –, begeben wir uns am tiefsten in die Praxis.

Zu einer Zeit, als ich mich sehr in einem Zen-Center in Nordkalifornien engagierte, wurde ich, scheinbar aus heiterem Himmel, von einer Wand des Widerstands getroffen, und ich wollte weder meditieren noch zum Center gehen. Aber obwohl ich es nicht ertragen konnte, dort zu sein, wusste etwas in mir, dass ich nicht davonlaufen durfte. Ich trieb mich selbst dazu an, zu einer Meditation in der Woche zu gehen, und ich hing gewissermaßen an diesem einzigen Faden. Nach einigen Monaten ließ der Widerstand nach und ich begab mich mit tieferem Engagement in die Praxis als zuvor, nicht nur innerlich, sondern auch bei den Aktivitäten im Center. Das Wichtige dabei ist, dass manchmal einfach nur Beharrlichkeit es uns ermöglicht, sogar die stärksten Widerstände zu überwinden. Selbst wenn unsere Anstrengungen in der Praxis nur wenig spürbare Ergebnisse bringen und der kleine Geist überall „Fehler" sieht, weiß ein Teil von uns doch, dass wir keine andere Wahl haben, als wieder von Neuem zu beginnen. Nur so werden wir jemals tiefer in unser Leben eindringen.

Beharrlichkeit bedeutet auf der einfachsten Ebene vielleicht, dass wir jeden Tag meditieren, egal, ob wir uns danach fühlen oder nicht. Es mag auch bedeuten, dass wir regelmäßig ein Praxis-Zentrum besuchen, an Retreats teilnehmen, obwohl wir oft gern woanders wären. Beharrlichkeit beinhaltet auch, dass wir unseren schwierigsten Erfahrungen mit Gewahrsein begegnen, wenn es auch nur für drei Atemzüge ist und ein Teil von uns sich ins Denken, Phantasieren, Urteilen oder in Schuldzuweisungen – was immer auch unsere liebste Vermeidungsstrategie ist – flüchten möchte.

Beharrlichkeit erfordert Mut. Den Mut, unsere Glaubenssätze tief zu durchschauen und besonders auch unsere Illusionen über uns selbst aufzudecken. Es braucht Mut, uns zu fragen, wie wir eigentlich leben – uns selbst mit unnachgiebiger Ehrlichkeit zu hinterfragen und zu sagen „Ja, das mache ich" oder „Ja, da stecke ich fest". Das ist nicht das Gleiche wie Selbstverurteilung; das ist einfach objektive Selbstbeobachtung. Aber aus dieser tiefen Selbstbetrachtung entwickeln wir nach und nach das Gefühl der Sinnhaftigkeit, wodurch die Praxis zur grundlegenden Orientierung unseres Lebens wird. Die Suche nach der Erkenntnis der wahren Bedeutung des Lebens und die Absicht, mit offenem Herzen zu leben, werden unsere wichtigste Ausrichtung und auch der Kontext, in dem wir alles andere sehen. Und dadurch wird es uns möglich, unser Leben unabhängig von den jeweiligen Umständen anzunehmen.

In diesem Prozess gibt es einen Punkt, an dem sich ein wichtiger Wandel in unserem Sein vollzieht, durch den wir uns von einer engen Ausrichtung auf Unbewusstheit und kontrolliertes Leben – dessen wichtigste Ziele Sicherheit, Anerkennung, Kontrolle und angenehme Erfahrungen sind – zu einer wachsenden Ausrichtung auf ein erwachtes Leben bewegen. Diese Wandlung ist nicht wie eine Veränderung unserer Stimmungslage, eine vorübergehende Phase oder eine Veränderung in unserer Lebenseinstellung; es ist eine tatsächliche Transformation in unserem Sein. Dieser Wandel vertieft unsere Bereitschaft, beharrlich zu sein, und obwohl immer wieder starke Gefühle und alte Muster auftauchen werden, gibt es auf einer fundamentalen Ebene keine Rückkehr mehr aus der Praxis. Ohne diese Transformation unseres Seins werden wir immer sowohl unseren Stimmungen, Wünschen, Meinungen und Emotionen als auch den äußeren Umständen ausgeliefert sein. Das heißt, wir werden unsere alten Sichtweisen weiterführen und dadurch ein Leben in Schlaf und Kontrolle unterstützen.

Was verändert sich also? Und wie? Zuerst müssen wir fragen: Wer sind wir eigentlich? Ist zum Beispiel „Ezra" nicht nur ein Körper mit einer Persönlichkeit? Und trotzdem versuchen wir, dieses Ich mit allen Mitteln zu schützen. Um die Wandlung oder Transformation, die durch die Praxis möglich ist, zu erreichen, müssen wir zunächst sehen, wie ernst wir die kleinen Dinge nehmen – unsere Sorgen, unsere Unannehmlichkeiten usw. – und wie wenig wir uns um die größeren Dinge kümmern, wie zum Beispiel das Erkennen unseres wahren Wesens. Es betrübt uns, wenn wir uns abgelehnt, einsam oder nicht gewürdigt fühlen, aber es ist uns ziemlich egal, dass wir in Unbewusstheit und Selbstbezogenheit leben. Und wir sorgen uns auch viel zu selten darum, wie getrennt wir von uns selbst und anderen sind, und wie selten wir die Liebe erfahren, die unser wahres Wesen ist. Denk daran, dass ich damit nicht meine, wir sollten uns strafend selbst verurteilen; ich spreche davon, dass wir ganz klar das Ausmaß der Unbewusstheit in uns selbst sehen.

Beim ersten Schritt im Transformationsprozess des Erwachens sehen wir mit durchdringender Klarheit all die kleinen „Ich"-Identitäten, aus denen der schützende Kokon unserer Persönlichkeit besteht. Darum geht es in der Ich-Phase der Praxis. So beginnen wir zum Beispiel die meist unbewussten Stimmen zu hören, die sagen: Ich möchte mich gut fühlen; ich will Sicherheit; ich will Anerkennung; ich will Kontrolle; ich möchte mich wertvoll fühlen; ich möchte mich geliebt fühlen; ich möchte keine Angst, Einsamkeit oder Ablehnung fühlen. Diese Stimmen verbinden sich zur scheinbar festen Form des „Ich".

Wenn wir diese „Ich"-Identitäten mit Klarheit beobachten, beginnt das „Ich", das beobachtet – das wir als unsere Absicht bezeichnen können –, zu wachsen. Wenn wir die Konfrontation zwischen dem *wollenden Ich* (das Angenehmes, Kontrolle etc. will) und dem, woraus das Leben in diesem Augenblick in Wirklichkeit besteht, erfahren, beinhaltet die Praxis beharrlich zu sein und in dem zu verweilen, was ist. Dadurch wächst das *erwachende Ich.* Es ist fast so, als ob die physische Energie, die durch unser bewusstes Ringen entsteht, unser Wachstum und unsere Absicht verstärkt und sich zu Seinsbewusstsein und zum Ich-als-Bewusstsein wandelt. In gleicher Weise stärken wir jedes Mal, wenn wir uns mit dem wollenden Ich beschäftigen, das Ich-als-ein-Ich. Im endlosen Ringen zwischen dem, was ich will, und dem, was ist, entwickelt sich eine wirkliche Beharrlichkeit, die es uns ermöglicht, mit dem zu sein, was ist, ob wir es nun mögen oder nicht. Somit verlagert sich die Priorität von dem, „was ich will", zur Absicht, zu erwachen.

Um so in unserer Erfahrung verweilen zu können, müssen wir verstehen, dass es keine Rückkehr aus der Praxis gibt. In der ständigen Anstrengung werden wir beginnen unsere Bedürfnisse, Ängste und festen Identitäten zu durchschauen; und nach und nach werden unsere bewussten Anstrengungen das Ich-als-Bewusstsein stärken. Aber beachte, das ist keine mentale Auseinandersetzung – es geht nicht darum, anders zu denken; sondern diese Wandlung wird möglich, wenn wir aus unseren Köpfen in unseren Körper kommen – das heißt, in die direkte Erfahrung des gegenwärtigen Augenblicks.

Wenn das Ich-als-Bewusstsein zunimmt, verändert sich alles. Aber damit diese Transformation möglich wird, müssen wir in unseren Anstrengungen beharrlich sein und mit der ständigen Suche nach Wohlgefühl und dem ständigen Vermeiden des Schmerzes aufhören. Wir müssen das objektiv wirkliche Leid des Getrenntseins von uns selbst immer tiefer erfahren. Nur dann werden wir dazu motiviert, unsere Prioritäten zu überdenken. Nur dann werden wir dazu in der Lage sein, mit der angemessenen Ernsthaftigkeit und Bedeutsamkeit die *eine* Sache zu verfolgen, die solche Dringlichkeit verdient hat – die aufrichtige Suche nach Verbundenheit mit unserem Herzen. Wenn wir diesen Weg wirklich gehen, gibt es keine Umkehr mehr.

Neugier – Die Übung der Zustimmung

Beharrlichkeit ist grundlegend wichtig, aber sie ist nicht ausreichend. Mit Beharrlichkeit allein kann unsere Praxis fast militant und stoisch werden. Wir werden vielleicht sogar verbissen. Um diesen wichtigen Aspekt der Übung auszugleichen, müssen wir auch die weichere Eigenschaft der Neugier entwickeln.

Neugier bedeutet, dass wir bereit sind, unbekanntes Gebiet zu erkunden – die Orte, die das Ego meidet. Neugier ermöglicht es uns, einen Schritt über unsere Grenze hinaus zu gehen und unseren tiefsten Ängsten zu begegnen. Leider wird unsere angeborene Neugier schon in der Kindheit unterdrückt. Unser Drang nach Wissen und unsere natürliche Freude an Erkenntnis werden leicht verdrängt, wenn wir Anerkennung oder Berechenbarkeit suchen, und wir haben dann keinen Zugang mehr dazu.

Die Koan-Frage „Was ist das?" ist die Grundlage der Praxis mit Neugier, und die einzige „Antwort" kommt nur, wenn wir offen dafür sind, die Wahrheit jedes Augenblicks wirklich zu erfahren. Wirklich neugierig zu sein bedeutet, dass wir bereit sind, unsere Erfahrungen zu bejahen, selbst die schwierigen Aspekte, anstatt im „Nein" unserer gewohnheitsmäßigen Widerstände zu bleiben.

Bejahen bedeutet nicht, dass wir unsere Erfahrung mögen oder dass wir notwendigerweise *fühlen,* dass wir sie akzeptieren. Es bedeutet auch nicht, dass wir das Nein unbedingt überwinden. Bejahen bedeutet einfach, dass wir uns des Nein bewusst sind – außerordentlich bewusst. Das heißt, wir vermeiden nicht länger die Menschen, Dinge und Ängste, die uns nicht gefallen, stattdessen lernen wir, uns ihnen zu öffnen, um zu erfahren, was eigentlich vor sich geht.

Eine Definition der Praxis ist die Bereitschaft, in unserem Leben, wie es ist, zu verweilen. Aber das ist eine Idee, die schwer zu verstehen ist: Bei der Praxis geht es nicht um einen bestimmten Bewusstseinszustand, wie Ruhe oder Freiheit von Problemen. Des Weiteren ist es ein großer Unterschied, ob wir das intellektuell verstehen oder in der Tiefe unseres Seins.

Damit möchte ich nicht abstreiten, dass wir durch die Praxis in der Tat mehr Gelassenheit erfahren werden und dass Probleme nicht mehr so belastend erscheinen. Aber wenn wir versuchen, das Leben in einer bestimmten Weise zu beeinflussen, ist es meist ironischerweise garantiert, dass wir das Gegenteil erfahren – einen ständigen Zustand des Unbehagens und der Enttäuschung.

Überleg einmal: Kannst du dir vorstellen, Angst zu haben, ohne ängstlich zu sein? Oder eine Depression zu haben und darüber nicht deprimiert zu sein? Mit anderen Worten: Kannst du dir unangenehme Erfahrungen vorstellen, ohne sie loswerden zu wollen? Die Frage ist, wie lernen wir, in dieser Weise zu leben? Es gibt keine einfache Antwort darauf, aber der Schlüssel ist, zu lernen, wie wir – mit Neugier – unser Leben in jedem Augenblick annehmen können.

Die hartnäckige Idee, dass wir frei von Problemen sein müssen, ist in Wirklichkeit eines unserer größten Probleme. Wenn zum Beispiel etwas Unangenehmes geschieht, handeln wir fast immer aus der tiefen Überzeugung, dass das Leben von unangenehmen Erfahrungen und Schmerz frei sein *sollte.* Wir sind uns vielleicht gar nicht bewusst, dass wir diese Überzeugung haben, aber weil wir daran glauben, färbt (oder entfärbt) sie unsere Beziehung zur Wirklichkeit.

Was geschieht, wenn wir nicht länger an der Idee festhalten, dass wir von Problemen frei sein sollten? Wähl dir ein kleines Problem (das du nicht willst) und frag dich, wie es wäre, wenn du das Problem bei jedem Auftreten bejahen könntest und dich ihm willentlich, bewusst und neugierig zuwenden würdest?

Das ist keine masochistische Haltung, sondern die authentische (und oft sanfte) Bereitschaft, damit aufzuhören, unsere Erfahrung abzulehnen und vom Leben zu verlangen, anders zu sein, als es ist. Wenn wir lernen eine Schwierigkeit zu bejahen und dem Leben mit Neugier zu begegnen, verändert sich unsere ganze Welt von Grund auf. Dann können wir das Leben als Abenteuer anstatt als Albtraum erfahren. Das ist eine ähnliche Haltung, wie diejenige, mit der wir an einem Meditationsretreat teilnehmen: Wir wissen von Beginn an, dass es schwierig sein kann, aber wir sind trotzdem, zumindest in gewissem Maße, bereit uns dem zu stellen, was in unserer Erfahrung auftauchen wird.

Bei meinen ersten Retreats war ich oft so eingeschüchtert, dass ich stoisch meine Zähne zusammenbeißen musste, um überhaupt durchzuhalten. Aber als ich mit der Zeit lernte, diesen ablehnenden Reaktionen mit Neugier zu begegnen, sagte ich mir einfach: „Das ist es wieder, wie wird es diesmal sein?"

Kannst du den Unterschied zwischen diesen beiden Haltungen sehen? Die verbissene Sturheit ist in Wirklichkeit nur eine andere Form der Ablehnung. Die Neugier ermöglicht eine innere Weite, in der selbst unsere schwierigsten Erfahrungen aufgenommen werden können. Wir sind nicht mehr so im „Ich und meine Schwierigkeiten" gefangen, sondern sind dazu in der Lage, mit den Schwierigkeiten aus einer umfassenderen Erfahrung des Lebens umzugehen. Das ist die Weite des Seinsbewusstseins, durch die wir selbst mitten in unseren Schwierigkeiten Gelassenheit erfahren. Diese Gelassenheit kommt aus der Bereitschaft, in unserer Erfahrung zu verweilen, wenn wir ihr mit Neugier begegnen.

Aber wenn wir ehrlich sind, sehen wir, dass uns störende Erfahrungen meistens aus der Bahn werfen und unser unausgesprochener Gedanke dabei ist, dass etwas falsch läuft. Wir denken vielleicht sogar, dass die einzig mögliche Reaktion darauf ist, dass wir uns Sorgen machen. Des Weiteren denken wir wahrscheinlich, dass wir etwas in Ordnung bringen müssen – dass wir ruhig, klar oder entspannt werden müssen.

Aber stell dir vor, du siehst die schwierige Erfahrung nicht als Problem. Wenn du zum Beispiel ein schwieriges Ereignis wirklich als Lernmöglichkeit annehmen würdest, würde dieses Ereignis dann nicht zur Nahrung für dein Sein werden, anstatt Gift für deinen Körper zu sein? In der Tat kann uns diese herausfordernde Situation dazu motivieren, uns *genau* mit dem Notwendigen auseinanderzusetzen. Letztendlich setzt die Praxis das grundlegende Verständnis voraus, dass jede Situation und Emotion, die wir nicht bejahen können, genau die Richtung vorgibt, in die wir gehen müssen.

Ich habe weiter oben schon angemerkt, dass es möglich ist, Angst zu haben, aber nicht ängstlich zu *sein.* Nimm als ein einfaches Beispiel die Angst vor einem Telefonat, das wahrscheinlich unangenehm sein wird. Wenn die Angst auftaucht, ist der unausgesprochene Gedanke oft, dass etwas nicht in Ordnung ist – dass etwas mit mir oder dem anderen nicht in Ordnung ist. Und natürlich spüren wir, dass wir uns beruhigen sollten.

Aber vom Gesichtspunkt der Praxis aus gesehen, bedeutet Angst zu haben nicht, dass etwas nicht in Ordnung ist. Es bedeutet einfach nur, dass wir Angst haben, was einfach in unserer spezifischen Konditionierung begründet ist. Wir müssen nicht dagegen kämpfen. Wir müssen es auch nicht in Ordnung bringen. In der Tat halten wir einfach einen Moment inne, wenn die Angst erwartungsgemäß auftaucht, erkennen und bejahen sie, anstatt sie als Problem zu sehen. Das heißt, wir heißen sie mit Neugier willkommen und sehen sie als Möglichkeit, um uns mit unseren eigenen Grenzen auseinanderzusetzen.

Wir müssen die Angst nicht mögen. Wir müssen sie nur als die körperliche Erfahrung spüren, die sie im Grunde ist. Und wenn wir darin verweilen und von ihr lernen, identifizieren wir uns nicht länger mit dem Ich-als-Angst, sondern vielmehr mit dem Ich-als-Bewusstsein – der Weite des Seinsbewusstseins. In diesem größeren Gefühl des Seins ist die Angst kein besonders schwieriges Problem.

Manchmal scheint es, dass wir unsere Erfahrung nicht bejahen können. Die Erfahrung ist vielleicht zu stark oder überwältigend. Vielleicht fühlt es sich wie sterben an. Wenn wir uns in solch einer schmerzhaften und verunsichernden Erfahrung wiederfinden, ist es in der Regel sehr schwer, bewusst darin zu verweilen. Das ist normal, denn wir haben eine natürliche Aversion gegen unangenehme Erfahrungen, und als Folge dessen kann unser Widerstand sehr stark sein.

Die Stimme der Angst sagt uns, dass wir eine Grenze erreicht haben, über die wir nicht hinausgehen wollen. Aber unsere Neugier sagt uns, wir sollten noch einen Schritt nach vorn machen. Die Angst sagt „Nein!" – sie warnt uns und rät uns zu Widerstand und Verteidigung; aber ein anderer Teil von uns sagt „Ja!" – und möchte, dass wir uns öffnen und verbinden. Wenn wir das Leben bejahen, bejahen wir alles, sogar Sehnsucht, Angst und Schmerz. Wir können das tun, indem wir die unangenehmen Empfindungen in die Mitte des Brustkorbs einatmen; und dann einfach tief ausatmen. Wenn wir die unangenehmen Gefühle in die Mitte des Brustkorbs atmen, können wir die Heilkraft des Herzens spüren. Diese Erfahrung *jenseits unserer Konzepte* ermöglicht es uns, dass wir unserem Leben tief begegnen. Der wichtigste Punkt dabei ist, dass wir erst wirklich fähig sind, zu lieben, wenn wir unserer Angst tief begegnen und sie mit Neugier annehmen. Mit anderen Worten, der Weg zur Seinsgüte setzt voraus, dass wir unsere offene Aufmerksamkeit genau den Dingen widmen, die unseren Weg zu versperren scheinen.

Mitgefühl

Die dritte Eigenschaft des Erwachens, neben Beharrlichkeit und Neugier, wird oft übersehen: die Qualität des Mitgefühls. Mitgefühl wird manchmal auch als liebende Güte bezeichnet, aber wie wir es auch nennen, es ist eine Eigenschaft, die in der Praxis immer wichtig sein wird, und sie ist ein wichtiger Aspekt der dritten Phase der Seinsgüte. Das Wort Mitgefühl mag vielleicht einige Menschen abstoßen, die eine falsche Sentimentalität fürchten, eine schwammige Haltung, die ihrer Meinung nach der Ernsthaftigkeit widerspricht, die sie von der Praxis erwarten. Aber in Wirklichkeit ist es die Fähigkeit, die Härte des urteilenden Geistes hinter uns zu lassen. Ist es letztendlich nicht der urteilende Geist, der uns ständig unterbewusst sagt, dass wir nicht gut genug sind – und es nie sein werden?

Ohne Mitgefühl schneiden wir uns vom Herzen ab und das bedeutet, dass wir uns auch von anderen Menschen abschneiden. Ohne Mitgefühl wird unsere Praxis immer die Härte des Geistes haben, der ständig urteilt, bewertet und Fehler findet. Wenn wir zum Beispiel in die Mitte des Brustkorbs atmen, was ein wichtiger Aspekt der Meditationen der Seinsgüte ist, sagt unser Geist vielleicht: „Solltest du nicht etwas Intensiveres und Wichtigeres tun?" Das ist die Stimme des Egos, das die Kontrolle nicht aufgeben will und nicht verletzlich sein will. Vielleicht gibt es eine tiefere Überzeugung, die besagt: „Ich muss streng mit mir sein, sonst werde ich nicht weiterkommen." Das ist genau die verkehrte Sicht der Dinge und bewegt einige Menschen leider dazu, die wichtige Qualität des Mitgefühls völlig zu vernachlässigen – diese Eigenschaft, die sich bis zu den Lehren von Jesus, Buddha und anderer spiritueller Traditionen zurückverfolgen lässt.

Es ist vielleicht hilfreich, dir deine Ansichten in diesem Bereich etwas genauer anzuschauen. Welche starken Überzeugungen tauchen auf, wenn du das Wort *Mitgefühl* hörst? Wovor hast du in Wirklichkeit Angst, wenn du Mitgefühl zurückhältst? Was hindert dich daran, dir selbst mit der gleichen grundlegenden Zärtlichkeit und dem gleichen Mitgefühl zu begegnen, die du einem geliebten Menschen in einer schwierigen Situation entgegenbringen würdest?

Mangel an Mitgefühl ist ein Aspekt des urteilenden Geistes. Mitgefühl ist eine Qualität des Herzens – das Herz, das in einer Weite existiert, die über die Vorstellungen des Geistes hinausgeht. Egal, wie ernst wir die Praxis nehmen; egal, wie beharrlich wir in unseren Methoden sind; egal, wie neugierig wir sind: Ohne die Qualität des Mitgefühls werden wir immer in den Urteilen des Geistes stecken bleiben.

Fast jeder spirituelle Lehrer und jedes Buch über die Praxis wird die Notwendigkeit betonen, sanft mit uns selbst umzugehen. Das ist nicht neu. Die Schwierigkeit liegt darin, es umzusetzen. Was bedeutet es eigentlich, mit uns selbst freundlich umzugehen? Wie unterstützen wir Freundlichkeit in uns, wenn wir sie überhaupt nicht spüren?

Wir können Mitgefühl zum Beispiel dadurch entwickeln, indem wir uns zutiefst kennenlernen – das bedeutet, dass wir unsere sogenannten Fehler, unsere eingebildete Wertlosigkeit und unsere tiefsten Ängste durchschauen. Je besser wir diese Aspekte in uns selbst kennenlernen, desto eher entwickeln wir eine gütige Toleranz, nicht nur für uns selbst, sondern für das ganze menschliche Drama. Jedes Mal, wenn ein tief verankertes Urteil auftaucht, müssen wir es erkennen und genau benennen. Wir müssen immer wieder unsere Tendenz, zu urteilen, beobachten, bis wir es als die Konditionierung zu sehen lernen, die sie ist. Und dann müssen wir im subtil spürbaren Gefühl der Kontraktion des Körpers verweilen – sei es Schwere, Unklarheit, Zerrüttung, Verlorenheit oder was auch immer. Ein großer Teil dieser Auseinandersetzung findet in der Ich-Phase der Praxis statt.

In unseren Urteilen zeigen wir oft einen Mangel an Mitgefühl – nicht nur, wenn wir von uns selbst enttäuscht sind, sondern als ständige Geisteshaltung. Was ist eine negative Überzeugung anderes, als eine ständige Selbstverurteilung dessen, was wir sind, wie zum Beispiel die Überzeugung, wir seien wertlos? Solche Urteile warten immer unter der Oberfläche und nutzen jede Gelegenheit, sich zu zeigen.

Hier ist ein gutes Beispiel dafür: Eines Abends, als ich persönliche Gespräche mit meinen Schülern über ihre Praxis führen wollte, ging ich zunächst in den Meditationsraum. Ich meditiere oft mit meinen Schülern, bis die Glocke für den offiziellen Beginn der Meditation läutet, dann verlasse ich den Raum und beginne mit den Gesprächen. Aber als ich an diesem Abend den Meditationsraum betrat, war da nur ein Übender. Weder mein Assistent noch der Zeitnehmer waren da. Ich dachte bei mir: „O. K., bin ich denn eine Prima Donna? Wenn nötig kann ich selbst die Glocke läuten und mit den Gesprächen beginnen." Aber als die Meditation offiziell beginnen sollte, war immer nur noch ein Übender im Raum. Da saß ich nun und erlebte, wie es ist, ein Lehrer zu sein, der niemandem hat, den er lehren kann, und natürlich tauchten erwartungsgemäß die negativen Überzeugungen des Selbstzweifels auf. Aber ich wusste, dass ich einfach nur in der ängstlichen Anspannung des Körpers verweilen, sie bejahen und wirklich fühlen musste.

Als ich für einige Minuten in der Erfahrung verweilte, war es völlig O. K., nur mit dem einen Schüler zu sprechen, der gekommen war. Interessanterweise bemerkte ich genau zu diesem Zeitpunkt, dass ich mich in der Zeit geirrte hatte, und die Meditation erst in einer halben Stunde begann. Aber obwohl zur festgesetzten Zeit mehr meiner Schüler kamen (auch mein Assistent und der Zeitnehmer), war diese Erfahrung sehr wichtig für mich. Diese Situation gab mir die Gelegenheit, mich in das hineinzugeben, was mir das Wichtigste ist: mich daran zu erinnern, dass ich lernen möchte, aus der Seinsgüte zu leben. Als ich mich daran erinnert hatte, war es nicht länger ein Problem, ob jemand zu einem Gespräch mit mir kam. Wenn wir uns mit der umfassenderen Erfahrung unseres Lebens verbinden, bestimmen negative Überzeugungen wie „Ich werde nie Anerkennung erhalten" nicht länger unsere Gefühle und unser Leben.

Wenn wir an die tiefsten und dunkelsten negativen Wahrheiten über uns selbst denken, haben wir die Möglichkeit zu erkennen, dass diese sogenannten „Wahrheiten“ in Wirklichkeit Lügen sind. Nur wenn wir uns in diesen tiefen inneren Abgrund begeben, können wir die falschen Wahrnehmungen von uns selbst durchschauen. Indem wir die körperlichen Gefühle in die Mitte des Brustkorbs einatmen, verbinden wir uns mit dem Bewusstsein unseres grundlegenden oder wahren Wesens. Durch diesen Prozess, der *jenseits aller Konzepte* liegt, können wir das Ich-als-ein-Ich zum Ich-als-Bewusstsein transformieren. Wenn wir zutiefst erfahren, dass wir mit einer größeren Wirklichkeit verbunden sind, können unsere selbstbezogenen Reaktionen in der Weite des Seinsbewusstseins aufgenommen und transformiert werden.

Wenn wir unsere gnadenlosen Selbstverurteilungen immer besser kennenlernen, können wir eine gütige Toleranz dafür entwickeln, einschließlich unserer Schuldgefühle. Wenn wir uns selbst tief erkennen, zeigen sich ganz natürlich die Qualitäten der Wärme, Freundlichkeit und Anerkennung für uns selbst mit all unseren menschlichen Schwächen. Unsere Selbstverurteilungen tauchen vielleicht immer wieder auf, aber wir werden in der Lage sein, sie mit nachsichtigen und mitfühlenden Augen zu sehen.

Als Elizabeth und ich kürzlich den Zug von Prag nach Krakau bestiegen, waren wir von einer Gruppe von Taschendieben umgeben, die vorgaben, uns beim Tragen unseres Gepäcks helfen zu wollen. Zunächst wussten wir nicht, was los war, und hätten leicht ausgeraubt werden können. Als wir erkannten, was da vor sich ging, konnten wir uns zum Glück in Sicherheit bringen. Zum Beginn meiner Praxis hätte ich mir selbst Vorwürfe gemacht, dass ich so dumm war und mich so leicht habe täuschen lassen. Aber anstatt mich selbst zu verurteilen, erfuhr ich dieses Mal die ganze Situation, meine allzumenschliche „Dummheit“, mit der Leichtigkeit der Seinsgüte.

Gewahrsein heilt. Das ist das wichtigste Prinzip der Praxis. Aber damit diese Heilung möglich wird, müssen wir das Ausmaß unseres Mangels an Mitgefühl klar als das erkennen, was es ist. Deshalb ist tiefes Erkennen eine Möglichkeit, unserem Mangel an Mitgefühl entgegenzuwirken.

Zusätzlich zum Erkennen und Verstehen der Besonderheiten unseres Egos gibt es auch spezifische Übungen, wie die der Seinsgüte, um diesen Prozess zu beschleunigen. Um dies zu tun, brauchen wir eine besondere Form des Mutes, denn die Praxis der Seinsgüte fordert von uns, dass wir mit unserem tiefsten Schmerz der Wertlosigkeit radikal anders umgehen. Das heißt, wir lassen den Schmerz zu und begegnen ihm mit Mitgefühl.

Es ist natürlich klar, das wir den Schmerz der Minderwertigkeit nicht spüren wollen, wir müssen aber irgendwann verstehen, dass es viel schmerzhafter ist, an diesen Selbstverurteilungen festzuhalten, als den Schmerz direkt zu spüren. Mitgefühl ist die Qualität der Öffnung, wir erlauben dem Schmerz, in der Weite des Herzens gefühlt zu werden. Mitgefühl ist die absolute Bejahung.

Als ich mit Ende vierzig zum ersten Mal ernsthaft krank wurde, war nicht klar, ob es mir jemals wieder besser gehen würde, und ich verband viele Selbstverurteilungen mit meinem Kranksein. Ich dachte, dass ich nicht krank geworden wäre, wenn meine Praxis tiefer gewesen wäre. Zudem dachte ich, dass ich schwach sei, weil ich mir wegen meiner Zukunft so viele Sorgen machte. In der Tat waren so viele Schuldgefühle, Ängste und Selbstverurteilungen in mir, dass die Erfahrung dieser Gefühle fast genauso schlimm war, wie die körperlichen Symptome meiner Krankheit.

Erst als ich eine Praxis der Seinsgüte begann, verringerte sich dieser Mangel an Mitgefühl. Besonders die Meditation der Seinsgüte beschleunigte den Prozess, durch den ich die Festigkeit meiner negativen Überzeugungen und Selbstverurteilungen aufweichen konnte. Durch die Praxis der Seinsgüte erfuhr ich die wirkliche Heilung, egal, ob es meinem Körper jemals besser gehen würde.

Wir können auch lernen, unserem Alltag mit der Qualität des Mitgefühls zu begegnen. Vielleicht beginnen wir mit kleinen absichtsvollen Gesten des Mitgefühls. Aber wir müssen aufpassen, dass wir nicht in einem Projekt der Selbstverbesserung stecken bleiben, indem wir *versuchen,* freundlicher zu werden. Denn jede wertvolle Praxis kann zur Nahrung für den Größenwahn des Egos werden. Als Folge davon erleben wir in unseren Anstrengungen Rückschläge, die uns enttäuscht zurücklassen.

Wenn wir diese Anstrengungen aber mit Gewahrsein und etwas mehr Leichtigkeit des Herzens machen, werden diese kleinen Gesten uns direkt mit der Verschlossenheit unseres Herzens konfrontieren, die wir erkennen und fühlen müssen. Aber trotz unserer Widerstände können wir uns bemühen, uns mit der innewohnenden Großzügigkeit des Herzens zu verbinden. Freundlichkeit oder Großzügigkeit muss nicht für alle offensichtlich sein; manchmal kann sie nur unsere innere Haltung betreffen. Ich fliege zum Beispiel ziemlich oft, und immer, wenn ein Flugzeug startet oder landet – also die Momente, in denen Flugzeuge am ehesten abstürzen –, atme ich in die Mitte meines Brustkorbs und denke an die Menschen, die ich am meisten liebe. Ich tue das, weil ich zum Zeitpunkt meines Todes mit den Menschen, die ich am meisten liebe, verbunden sein möchte. Aber seit Kurzem schließe ich auch meinen Nachbarn mit ein, und manchmal kann ich sogar jeden im Flugzeug mit einschließen. Das Wichtige dabei ist die Möglichkeit, die Härte unserer normalen Verteidigungsstrategien mit aufrichtiger Freundlichkeit zu ersetzen. Wirkliche Wärme – die Wärme der Seinsgüte – kann auch unsere gewohnheitsmäßigen Haltungen der Abstumpfung und des Urteilens ersetzen.

Wenn wir beginnen unsere dunklen und klaustrophobischen Minderwertigkeitsgefühle in einer inneren Weite zu erfahren, können wir entdecken, dass es nichts Erfüllenderes gibt, als ein Leben aus dem erwachten Herzen. Wenn wir mit dem Zen-Herzen – mit unserem wahren Wesen – verbunden sind, ist die Intuition dessen, was wir wirklich sind und worum es in unserem Leben geht, nicht mehr nur eine vage Ahnung. Wir erfahren eine durchdringende Klarheit in Bezug auf unsere Aufgabe in dieser Welt und mit dieser Klarheit spüren wir Freude und Dankbarkeit.

Beharrlichkeit, Neugier und Mitgefühl sind drei der grundlegendsten Qualitäten der Praxis. Ist eine dieser Eigenschaften wichtiger als die anderen? Ich weiß es nicht. Das hängt wahrscheinlich davon ab, wo wir in der Praxis stehen. Aber eines ist klar, wir müssen alle drei Eigenschaften entwickeln. Wenn eine dieser Eigenschaften fehlt, wird unsere Praxis immer begrenzt sein.

7 Die drei wichtigsten Fragen

In der Ich-Phase der Praxis ist es manchmal sehr schwierig, Klarheit zu erfahren, wenn wir uns mitten in herausfordernden Emotionen befinden. Das trifft auch für Übende zu, die schon seit einiger Zeit praktizieren. Wenn unser emotionales Drama die Überhand gewinnt, vergessen wir manchmal die grundlegenden Ideen und Methoden der Praxis völlig.

Es gibt ein weitverbreitetes Phänomen – den *kognitiven Schock* –, das erklärt, warum die Praxis so schwierig für uns ist, wenn wir frustriert sind. Wenn wir Schwierigkeiten erfahren, tendiert das „neue" oder konzeptuelle Gehirn dazu, seine Funktion einzustellen. Es ist so, als ob der Schock der dramatischen Situation und die Empfindung der drohenden Gefahr die Funktionsfähigkeit des kognitiven Geistes ausschaltet. Und wenn sich das denkende Gehirn vorübergehend verabschiedet, können wir einfach nicht mehr klar denken. Während des kognitiven Schocks gewinnt das „alte" Gehirn, das auf Überleben und Verteidigung ausgerichtet ist, die Kontrolle. Die wichtigsten Verhaltensweisen dabei sind Angriff, Flucht oder Starre, die alle nichts mit Gewahrsein zu tun haben. Ehrlich gesagt können wir uns glücklich schätzen, wenn wir uns inmitten eines kognitiven Schocks überhaupt noch an die Praxis erinnern!

Selbst wenn unser Gehirn wieder anfängt zu arbeiten, werden wir wahrscheinlich einen der drei klassischen Versuche, der Wirklichkeit auszuweichen, die wir aus der Ich-Phase kennen, anwenden: die Situation zu *analysieren;* jemandem *die Schuld* an unseren Problemen zu *geben,* so dass wir sie nicht fühlen müssen; oder den *Versuch,* die Situation *in Ordnung zu bringen,* um uns wieder besser zu fühlen.

Vielleicht bleiben wir auch in einem der drei klassischen inneren Hindernisse stecken: *Trägheit des Verstandes,* in der wir uns nicht anstrengen wollen, um zu sehen, was wirklich vor sich geht; *Selbsttäuschung,* in der wir die Illusionen aufrechterhalten, die für uns am angenehmsten sind; oder *Selbstverurteilung,* in der wir unbedingt einen Fehler bei uns finden wollen, um die Situation zu erklären.

Und als konditionierte Wesen folgen wir unweigerlich einer oder mehreren charakteristischen Kontrollstrategien, wenn wir mit emotionalem Schmerz konfrontiert sind: *größere Anstrengung,* um unsere tiefer liegenden Ängste zu bedecken; *Suche nach Anerkennung,* um Minderwertigkeitsgefühle zu vermeiden; *Flucht* oder *Betäubung,* um uns vom Schmerz, den wir nicht fühlen wollen, abzulenken oder ihn los zu werden.

Wenn all unsere Ausweichmanöver und Strategien die Klarheit der Praxis trüben, ist es hilfreich, einige kurze Gedächtnisstützen zu haben, um uns zur Wirklichkeit zurückzubringen. Das ist vor allem in der Ich-Phase der Praxis wichtig, in der wir so leicht vergessen können, worum es eigentlich geht. In Wirklichkeit geht es immer um die Frage: Was hilft uns dabei, zu erwachen? Die Antwort auf diese Frage können wir in drei direkte und einfache kleinere Fragen aufteilen, die uns alle in Richtung zunehmender Klarheit führen.

„Kann ich das als meinen Weg annehmen?"

Die erste Frage – „Kann ich das als meinen Weg annehmen?" – ist wichtig, denn wenn wir sie nicht stellen, werden wir wahrscheinlich vergessen, worum es in der Praxis geht. Wir müssen verstehen, wie wichtig es ist, dass wir uns mit unserem emotionalen Schmerz auseinandersetzen, um frei zu sein. Der Mensch zum Beispiel, den wir vielleicht am unsympathischsten finden, kann zu einem Spiegel für uns werden – wir können ihn den „unsympathischen Buddha" nennen –, der uns genau zeigen kann, wo wir stecken geblieben sind.

Oder ein anderes Beispiel: Wenn wir hinter jemandem fahren, der unserer Meinung nach zu langsam fährt, besteht unsere Praxis darin, uns zu fragen: „Kann ich das als meinen Weg annehmen?" Mit anderen Worten können wir diesen Menschen als unseren Lehrer sehen, der uns zeigt, wo wir stecken geblieben sind? In diesem Fall wären wir in Ungeduld gefangen, in dem Bedürfnis, dass das Leben anders sein sollte, als es ist. Die gleiche Praxis ist wichtig, wenn uns jemand kritisiert, uns ärgert oder wenn wir in irgendeiner anderen emotionalen Reaktion oder einem Urteil gefangen sind. Wie schnell erinnern wir uns daran, uns zu fragen: „Kann ich das als meinen Weg annehmen?"

Aber um diese Frage zu beantworten, müssen wir zunächst ehrlich anerkennen, was objektiv geschieht. Wenn wir nicht klar und objektiv erkennen, was wirklich geschieht, werden wir die Situation nicht als Lernmöglichkeit nutzen können.

Denn wie können wir in einer bestimmten Situation praktizieren, wenn zwischen unserem Verständnis der Situation und der Wirklichkeit eine große Lücke klafft?

Es ist zum Beispiel ein großer Unterschied, ob wir denken (und glauben) „Sie ist nicht sehr einfühlsam" oder erkennen, dass es in Wirklichkeit um eine verbale Meinungsverschiedenheit geht. Wenn wir unsere Gedanken besser kennenlernen, sehen wir auch leichter die vielen Urteile, die wir zur objektiven Wirklichkeit hinzufügen.

Hier ein weiteres Beispiel: Wenn wir im Strudel emotionalen Schmerzes gefangen sind, fügen wir fast immer den Gedanken hinzu, dass etwas nicht in Ordnung ist. Wir denken vielleicht, dass etwas grundlegend nicht in Ordnung ist, oder, noch wahrscheinlicher, dass mit einem anderen Menschen oder mit uns selbst etwas nicht in Ordnung ist. Zudem werden wir fast immer daran denken, wie wir diesem Schmerz entkommen können – durch Schuldzuweisungen, analysieren oder den Versuch, die Situation wieder in Ordnung zu bringen. Es ist also in der Auseinandersetzung mit unserem emotionalen Schmerz nicht nur wichtig, dass wir erkennen, was wirklich geschieht, sondern auch, was wir der Situation hinzufügen, einschließlich der Ausweichmanöver, Fluchtversuche und Urteile.

Als ich einmal öffentlich kritisiert wurde, fühlte sich das wie ein Schlag in die Magengrube an. Mein Geist überschlug sich förmlich und rechtfertigte mich und beschuldigte den anderen. Aber sobald ich mich an die Absicht erinnerte, die Situation als meinen Weg anzunehmen, und sah, was wirklich geschah (dass über mich in der Öffentlichkeit geredet wurde), blieb nichts Substantielles übrig. Was in diesem Moment geschah, war das, was ich der Situation hinzufügte – meine verletzte Reaktion und die daraus folgende Verteidigungsstrategie meiner Schuldzuweisung. Objektiv gab es gar kein Problem, das zu lösen gewesen wäre, und es war nicht nötig, auf die kritischen Kommentare zu reagieren; das Einzige, um das ich mich kümmern musste, waren meine subjektiven emotionalen Reaktionen. Dieses Verstehen ermöglichte es mir, die Erfahrung der Verletzung und der Verteidigung als eine hervorragende Möglichkeit anzunehmen, durch die ich aus dem Panzer meiner Schutzmechanismen ausbrechen konnte – ein sehr wichtiger Schritt in der Ich-Phase der Praxis.

Nur wenn wir verstehen, was wirklich vor sich geht, können wir diesen wichtigen Schritt in der Praxis gehen und unseren Schmerz annehmen. Dann können wir ihn buchstäblich bejahen, denn wir verstehen, dass wir gefangen bleiben, wenn wir weiterhin unsere Erfahrung verdrängen. Also diese erste Frage „Kann ich das als meinen Weg annehmen?“ erinnert uns daran, dass unsere Schwierigkeiten keine Hindernisse auf dem Weg sind, sondern der Weg selbst.

Dieser Gedanke kann nicht überbetont werden: Wenn wir uns nicht daran erinnern, können wir leicht die Hoffnung in unserer Praxis verlieren. Wir fühlen uns schnell hilflos, wenn wir keinen Halt mehr in uns finden. Und daraus können sich Hoffnungslosigkeit und Negativität entwickeln – aber dieses Hindernis des Leidens ist nur dann ein Hindernis, wenn wir es nicht durchschauen. Wenn wir es aber durchschauen, führt uns das zu einer erstaunlichen Erkenntnis: dass unser Schmerz nur dann zu Hoffnungslosigkeit führt, wenn wir vergessen, dass er unser Lehrer ist. Solange wir erkennen, dass unsere Situation eine Möglichkeit des Lernens und Wachsens ist, findet Hoffnungslosigkeit keinen Raum. Dann erkennen wir vielleicht, dass unser Leiden nur eine weitere Stütze ist, die die Geschichte des „Ich“ zusammenhält.

„Welchen konditionierten Gedanken glaube ich am meisten?“

Die zweite Schlüsselfrage – „Welchen konditionierten Gedanken glaube ich am meisten?“– überspringen viele, vor allem weil es sehr schwer sein kann, zu erkennen, was wir wirklich glauben. Obwohl wir in der Beobachtung unseres Geistes unsere oberflächlichen Gedanken klar erkennen und uns dadurch von vielen mentalen Geschichten befreien können, bleiben die Gedanken, an die wir am tiefsten glauben, oft unter der Oberfläche. Deshalb bleiben die Gedanken, die unser Fühlen und Handeln bestimmen, weiterhin unbemerkt.

Unsere tief verwurzelten Minderwertigkeitsgefühle und die damit verbundenen Gedanken sind in einer bestimmten Situation vielleicht nicht sichtbar; in den meisten Fällen sind wir uns ihrer Gegenwart vielleicht wirklich nicht bewusst. Aber ihre giftigen

Spuren zeigen sich oft in unserer Wut, unseren Schuldgefühlen und unserer Depression. In der Tat wirken solche tiefen und gut versteckten Gedanken wie ein Radar, der unsere Erfahrung durchsucht, um das zu beweisen, an das wir ohnehin schon glauben. Wenn du zum Beispiel glaubst, dass du minderwertig bist, dann muss nur jemand die Augenbrauen hochziehen und dein Radar wird dir sagen, dass du als der hoffnungslose Chaot gesehen wirst, für den du dich selbst hältst.

Weißt du, nach welchen Glaubenssätzen dein Radar sucht und wie du darin gefangen bist? Weißt du, wie du damit umgehen kannst? Die Praxis beginnt hier damit, dass wir uns fragen: „Welchen konditionierten Gedanken glaube ich am meisten?"

Und das ist wie ein Schnappschuss unseres Geistes. Aber wenn du keine Antwort darauf findest, lässt du die Frage einfach und kehrst zu deiner körperlichen Erfahrung zurück, anstatt durch Nachdenken oder Analysieren nach einer Antwort zu suchen. Und ein wenig später stellst du die Frage dann ein weiteres Mal. Mit Beharrlichkeit wird sich die Antwort früher oder später von selbst zeigen, manchmal als ein „Aha"-Erlebnis.

Der oberflächliche Gedanke ist zum Beispiel: „Niemand sollte sich damit abfinden." Dieser Gedanke bringt die Stimme der Wut und Frustration zum Ausdruck, die wir als Schutzmechanismus verwenden. Aber wenn wir tiefer gehen, entdecken wir vielleicht einen grundlegenderen Gedanken, wie zum Beispiel „Ich bin wertlos", und haben dabei ein „Aha"-Erlebnis. Wenn wir uns selbst mit der Zeit besser kennenlernen, können wir unsere Gedanken auch leichter wiedererkennen: Natürlich, habe ich diesen Glaubenssatz nicht schon oft gesehen? An diesem Punkt beginnen wir, unsere Anhaftung an unsere tiefsten Glaubenssätze zu verlieren. Aber um dorthin zu gelangen, müssen wir zunächst herausfinden, welchen Gedanken wir glauben.

Ich erinnere mich, dass ich in Erwartung eines jährlichen dreitägigen Treffens mit meinen Kollegen einige Tage vorher immer wieder sehr aufgeregt war. Der oberflächliche Gedanke wiederholte sich immer wieder: „Das wird eine Zeitverschwendung sein", „Wir werden zu keinem Ergebnis kommen“ und „Warum muss ich das schon wieder ertragen?“. Weil ich wusste, dass diese Gedanken nur die Oberfläche waren, fragte ich mich selbst: „Welchem Gedanken glaube ich?“ Zunächst fand ich keine eindeutige Antwort und kehrte zur körperlichen Erfahrung leichter Anspannung zurück, besonders die Enge in der Brust und der Druck im Bauch.

Weil ich die Frage mit Beharrlichkeit verfolgte, zeigte sich schließlich mein tiefster Glaubenssatz mit kristallener Klarheit: „Ich bin immer noch auf der Durchreise.“ Meine Unruhe war das Ergebnis meines tieferen Musters, mich selbst zurückzuhalten, und die daraus folgende vorhersehbare Erfahrung des Getrenntseins und der Einsamkeit. Als ich erkannte, was mein kleiner Geist glaubte, konnte ich sehen, dass meine emotionale Reaktion nur auf dem beruhte, was ich der Situation hinzugefügt hatte, und nichts mit der Situation selbst zu tun hatte. Genauer gesagt fügte ich Urteile hinzu, die sich allein auf Konditionierungen aus der Vergangenheit bezogen.

Die daraus resultierende Klarheit erlaubte es mir, meine Sichtweise zu überdenken. Offensichtlich war das genau die richtige Situation, um mich mit meinem Ich-Ballast auseinanderzusetzen, besonders mit den Gefühlen des Getrenntseins und der Einsamkeit. Nachdem ich das erkannt hatte, konnte ich das Treffen als Möglichkeit zur Praxis annehmen, ich erklärte mich sogar freiwillig dazu bereit, das Treffen zu organisieren, um mich wirklich zu testen. Es ist wichtig, hier zu erkennen, dass die Klarheit und die daraus folgende Möglichkeit, mit der Situation zu arbeiten, ein direktes Resultat der Frage „Welchen konditionierten Gedanken glaube ich am meisten?“ ist. Der überraschende Abschluss des Ganzen war, dass ich schließlich mit Freude und Interesse an dem Treffen teilnahm.

„Was ist das?“

Die dritte Frage und vielleicht die wichtigste ist „Was ist das?“ Wie ich schon angemerkt habe, ist diese Frage das ultimative Zen-Koan, weil es nicht durch das Denken beantwortet werden kann. Die Antwort kommt nur, wenn wir direkt in die unmittelbare körperliche Erfahrung des gegenwärtigen Moments eintreten. Frag dich genau jetzt: „Was ist das?“ Selbst wenn du keinen emotionalen Schmerz spürst, diese Frage können wir auf alles anwenden, was in diesem Moment gegenwärtig ist. Werde dir deiner körperlichen Haltung bewusst. Fühle die Gesamtheit der Empfindungen des Körpers. Fühle die Spannung im Gesicht, besonders um deinen Mund. Nun beziehe auch die Wahrnehmung der Umgebung mit ein – die Temperatur, die Qualität des Lichts, die Klänge der Umgebung. Fühle, wie dein Körper atmet, während du dich in diese Empfindung des Augenblicks vertiefst. Fühle die Energie im Körper, während du dich auf die „Soheit“ deiner Erfahrung konzentrierst. Nur dadurch wirst du die Frage „Was ist das?“ beantworten können.

Zugegeben, es ist schwierig, im Gewahrsein zu verweilen, wenn wir den gegenwärtigen Augenblick erfahren. Aber noch schwerer ist es, wenn wir mit emotionalem Schmerz konfrontiert sind, denn um die Gegenwart so zu erfahren, wie sie ist, müssen wir unsere gewohnheitsmäßigen Verteidigungsstrategien loslassen, wie zum Beispiel Rechtfertigung, Kontrolle, Betäubung, Ablenkung usw. Der einzige Sinn dieser Strategien ist es, uns vor dem Schmerz zu schützen, den wir nicht spüren wollen. Solange wir diese Verteidigungsstrategien in einfachen und schwierigen Situationen nicht loslassen können, werden wir in der Geschichte des „Ich“ gefangen sein und uns der körperlichen Realität des Augenblicks nicht bewusst werden. Wir müssen verstehen, dass wir eine starke Praxis und viel Geduld brauchen, um fähig zu sein, die Frage „Was ist das?“ zu stellen – und wirklich in dem zu verweilen, was wir dadurch finden.

Wenn wir zum Beispiel Angst spüren, ist unsere natürliche Reaktion, dieses Gefühl zu vermeiden. Vielleicht beschäftigen wir uns, um uns abzulenken, oder wir versuchen, uns noch mehr anzustrengen, oder wir versuchen, die Situation in Ordnung zu bringen. Aber wenn wir uns die Frage „Was ist das?" stellen, kommt die einzige authentische Antwort aus der echten körperlichen Erfahrung der Angst im gegenwärtigen Augenblick. Aber bedenke, wir fragen nicht, *worum* es bei dieser Angst geht, was bedeuten würde, dass wir analysieren, und das ist das Gegenteil von direktem Gegenwärtigsein. Wir fragen einfach, was es wirklich ist.

Wenn wir die Frage „Was ist das?" wirklich beantworten können, werden wir sehen, dass unsere Erfahrung, wie unangenehm auch immer, sich ständig verändert und dass sie im Grunde eine Kombination aus Überzeugungen, körperlichen Empfindungen und alten Erinnerungen ist. Wenn wir das sehen, verflüchtigt sich die Erfahrung des emotionalen Schmerzes in seine einzelnen Bestandteile und erscheint nicht mehr so stabil.

Wenn wir in der Frage „Was ist das?" verweilen, können wir nach und nach das, was so unangenehm erschien, *einfach sein lassen* – und in der körperlichen Erfahrung verweilen, ohne all unsere Gefühle, Gedanken und Urteile damit zu verbinden. Das ist nicht so einfach, weil unser Wunsch nach angenehmen Erfahrungen uns dazu treibt, unangenehme Situationen in Ordnung zu bringen oder sie zu vermeiden. Um unserer Erfahrung zu erlauben, einfach nur zu sein, müssen wir zunächst von der Vergeblichkeit der Versuche, uns selbst (und andere) zu verbessern, enttäuscht werden. Wir müssen verstehen, dass es zwecklos ist, zu versuchen, die Gefühle, die wir nicht fühlen wollen, loszuwerden oder zu verändern. In der „Was ist das?"-Qualität unserer Erfahrung zu verweilen und sie einfach so sein zu lassen, wie sie ist, setzt eine wichtige Einsicht der Praxis voraus: Es ist schmerzhafter, zu versuchen, unseren eigenen Schmerz wegzustoßen, als ihn zu fühlen. Dieses Verstehen ist nicht intellektuell, sondern etwas, das schließlich im Kern unseres Wesens verankert sein muss.

Wenn wir unsere Erfahrung so, wie sie wirklich ist, vollkommen bejahen können, umfasst unser Gewahrsein eine Weite, in der sich der Schmerz von selbst verflüchtigt. Der Schmerz wird sich vielleicht von etwas Schwerem und Dunklem in eine reine, unbestimmbare Energie verwandeln, die durchlässig und leicht ist. Die Energie entspannt sich von selbst, ohne dass es notwendig wäre, sie loszuwerden. Die Frage „Was ist das?" ermöglicht es uns auch, mit Mitgefühl und Seinsgüte zu praktizieren, weil wir uns selbst, unsere Erfahrung und andere nicht länger als fehlerhaft beurteilen. Stattdessen folgen wir einer inneren Neugier, in der wir einfach mehr über die Wahrheit unserer Erfahrung herausfinden wollen. Wenn wir mit dem Urteilen aufhören, können wir unser Leben in der Weite des Herzens erfahren, statt durch die selbstbegrenzenden Urteile des Geistes.

Zusammenfassend möchte ich sagen, dass diese drei Fragen – „Kann ich das als meinen Weg annehmen?", „Welchen konditionierten Gedanken glaube ich am meisten?" und „Was ist das?" – uns an die wichtigsten Schritte im Umgang mit unserem emotionalen Schmerz erinnern. Einige meiner Schüler tragen kleine laminierte Karten mit den drei Fragen in der Tasche, um auf einen „kognitiven Schock" vorbereitet zu sein, wenn alles, was wir über die Praxis wussten, vergessen ist.

Aber bedenke, dass diese Fragen nur Hinweise sind, und verliere dich nicht in der Methode. Der größere Kontext, in dem wir diese Fragen stellen, ist, dass wir inmitten von emotionalem Schmerz meist in unseren eigenen selbst geschaffenen Gefängnismauern gefangen sind: Wut, Angst und Verwirrung. Aber wenn unsere selbst geschaffenen Gefängnismauern einstürzen, bleibt nur noch die Verbundenheit, die wir wirklich sind. Es ist wichtig, dass wir diesen größeren Kontext nicht aus den Augen verlieren.

Natürlich basieren diese Fragen, und auch die Erinnerung an diese Fragen, auf der grundlegendsten Frage: Wollen wir in unserem emotionalen Schmerz gefangen bleiben oder wollen wir erwachen und frei sein? Die Antwort auf diese Frage ist nicht so offensichtlich, wie es zunächst erscheinen mag.

8 Die Kunst des Gewahrseins

In meinen ersten Jahren als Zen-Übender wollte ich wirklich wissen, was es heißt, ein erwachtes Leben zu führen. Oft las und hörte ich, dass ein „erwachtes Leben" bedeute, dass man „mit seiner Erfahrung eins" sei. Deshalb fragte ich jeden Menschen, von dem ich dachte, dass er etwas wusste: „Was heißt es, wirklich mit der eigenen Erfahrung eins zu sein?" Ich erhielt niemals eine Antwort, die für mich sinnvoll war, deshalb stellte ich eine weitere Frage: „Ist Einssein mit deiner Erfahrung das Gleiche, als wenn du einen Film anschaust und vollkommen darin aufgehst?" Fast immer war die Antwort darauf: „Ja." Die Erfahrung der Vertiefung wurde meist damit gleichgesetzt, vollkommen im gegenwärtigen Augenblick präsent oder erwacht zu sein. Manchmal wurde es als „Nur Karotten schneiden" beschrieben, wobei es dann keine Trennung zwischen dir und den Karotten mehr gibt. Ein anderes Beispiel bezog sich auf Sportler, die so in ihrem Training vertieft sind, dass sie sich in „the zone" befinden. Dieser Flow-Zustand wurde dann mit der Erfahrung des „Nicht-Selbst" gleichgesetzt.

Diese Antworten beinhalten für mich ein Dilemma, weil ich selbst aus meiner eigenen Erfahrung wusste, wie es ist, vollkommen in einem Film vertieft zu sein, und für mich war das *nicht* die Erfahrung des Erwachens. Ich hatte auch das „Zen-Karotten-Schneiden" erfahren und war Sportler und hatte „the zone" einige Male gespürt – aber in keiner dieser Situationen war ich wirklich „erwacht". Auch wenn es darin keine Empfindung eines Selbst gab, ist diese Erfahrung des Nicht-Selbst, wenn man in eine Handlung vertieft ist, eine Form des „wachen Schlafens". Es ist höchstens eine Erfahrung der Vertiefung oder Konzentration, und daran ist nichts Schlimmes – ganz im Gegenteil, dies kann die Freude künstlerischen Schaffens oder sportlicher Leistung fördern. Aber wir können diese Zustände erfahren und trotzdem nicht wirklich erwacht sein. Sie also mit Sätzen wie „Sei eins mit deiner Erfahrung" zu romantisieren ist nicht besonders hilfreich.

Was *bedeutet* es also, erwacht zu sein? Neben dem Durchschauen der falschen Idee, dass das „Einssein mit deinem Handeln" gleichbedeutend mit dem Erwachen ist, müssen wir auch die falsche Idee loslassen, dass die Erfahrung des Erwachens ununterbrochen anhält. Diejenigen, die intensive „Erleuchtungserfahrungen" hatten, werden, wenn sie ehrlich sind, zugeben, dass diese Erfahrungen, auch wenn sie eine starke Wirkung hinterlassen haben, nicht all ihre konditionierten Muster beseitigten konnten. Ganz im Gegenteil, die destruktivste Form des wachen Schlafens ist, zu glauben, dass wir ein *erwachter Mensch* sind, nur weil wir für einige Momente oder sogar Wochen erwacht waren. Um diese Muster zu verringern, müssen wir viele Jahre in der Ich-Phase der Praxis üben.

Gewahrsein als Kontinuum

In Wirklichkeit ist das Erwachen ein Kontinuum. Dieses Kontinuum korrespondiert nicht genau mit den drei Stufen der Praxis, die ich in diesem Buch beschreibe; die Aspekte dieses Kontinuums sind im Verlauf der verschiedenen Stufen der Praxis miteinander verwoben. So brauchen wir zum Beispiel den Aspekt der Konzentration des Gewahrseins-Kontinuums sowohl in der Ich-Phase als auch in den Phasen des Seinsbewusstseins und der Seinsgüte. Genauso ist der Aspekt des offenen weiten Gewahrseins in den späteren Phasen besonders wichtig, aber auch in der Ich-Phase von Bedeutung. Wichtig dabei ist, dass die verschiedenen Haltungen, die wir gleich kennenlernen werden, zu jeder Zeit erfahren werden, und sie sind ein hilfreiches Mittel, um einzuschätzen, wie erwacht wir in jedem Augenblick sind.

Am einen Ende des Kontinuums, fast als eine „Vorstufe" zum Gewahrsein, ist der Aspekt, der oft als *waches Schlafen* beschrieben wird. Das ist der Zustand, in dem wir die meiste Zeit über leben, obwohl wir uns oft nicht dessen bewusst sind, wir tief wir eigentlich schlafen. Das stärkste Kennzeichen dieses Zustands des wachen Schlafens ist unsere *Identifikation,* unser Verlorensein, in buchstäblich allem – unseren Gedanken, Wünschen, Emotionen, Aktivitäten usw. Im Besonderen sind wir fast immer von unseren Gedanken abhängig und halten unsere Gedanken und Meinungen für „Die Wahrheit". Zudem können wir kaum unsere Gefühle kontrollieren; in der Tat lieben wir es, uns darin zu verlieren. Am schwersten wiegt aber wohl, dass wir noch nicht einmal für einige Sekunden im gegenwärtigen Augenblick verweilen können. In Wirklichkeit ist das der Ort, vor dem wir am ehesten flüchten. Deshalb wissen wir kaum, wer wir sind und was wir tun – und wenn, dann nur in einer sehr engen und befangenen Wahrnehmung unserer selbst. Darin gibt es keine Präsenz oder Klarheit: In gewisser Weise leben wir vor allem als Schlafwandelnde.

Die Erkenntnis, dass wir in diesem Zustand des wachen Schlafens leben, motiviert uns oft dazu, mit der Praxis zu beginnen. Meist beginnen wir die Praxis mit dem *Aspekt der Konzentration* des Gewahrseins-Kontinuums. Wir lernen zum Beispiel, uns intensiv auf den Atem oder auf Klänge zu konzentrieren. Hier beginnen wir vielleicht „zu erwachen", aber oft nur zu einem sehr engen Bereich der Wirklichkeit. Konzentration ist nichts Schlechtes – sie ist nur begrenzt, indem sie den größten Teil des Lebens ausgrenzt. Aber sie ist sicher hilfreich, weil sie den Körper und den

Geist zur Ruhe kommen lässt. Wenn wir Konzentration intensiv und für längere Zeit üben, kann sie uns sogar kurze Durchbrüche aus unserer gewöhnlichen Wahrnehmung der Wirklichkeit ermöglichen. In der Zen-Praxis des Koan-Studiums zum Beispiel kann unsere gewohnte Blase der Wahrnehmung zeitweise platzen, wenn das Koan gelöst ist. Aber meist schließt sich die Blase ziemlich schnell wieder, und dann arbeiten wir mit dem nächsten Koan, und dem nächsten, und ignorieren dabei vielleicht alle anderen Bereiche unseres Lebens. Es mag Momente tiefer Einsicht geben, aber sobald diese Momente vorübergehen, sind wir wahrscheinlich so wütend und ängstlich wie vorher.

Wenn die Praxis nicht zu mehr Bewusstheit und Klarheit in unserem Alltag führt, beginnen wir möglicherweise zu verstehen, dass etwas fehlt. Zu diesem Zeitpunkt finden wir dann vielleicht die Motivation, den nächsten Aspekt des Gewahrseins-Kontinuums kennenzulernen. Dieser Aspekt wird oft als *Achtsamkeit* bezeichnet. Dieser Aspekt ist besonders relevant in der Ich-Phase der Praxis, in der wir genauer auf unsere Gedanken, Gefühle, Handlungen und Verhaltensstrategien achten. Wir erkennen die Glaubenssätze, die unser Leben bestimmen, und die sich wiederholenden Muster, die uns in unserem Leiden gefangen halten. Wir erkennen auch die grundlegenden Ängste, aus denen all unsere Glaubenssätze und Verhaltensweisen entstehen, und wir lernen, was es heißt, unsere Ängste zu erfahren, ohne uns darin zu verlieren.

Wenn wir den Achtsamkeitsaspekt des Gewahrseins-Kontinuums beharrlich üben, werden unsere festen Muster immer durchlässiger, und unsere emotionalen Reaktionen bestimmen nicht mehr unser Leben. In diesem Sinne führen wir tatsächlich ein erwachtes Leben. Aber das ist nur ein Aspekt des Gewahrseins. Wir können uns unserer persönlichen Tendenzen bewusst werden und offener und aufrichtiger leben, aber trotzdem immer noch eine sehr begrenzte Wahrnehmung der Wirklichkeit haben.

Wir haben einen Punkt erreicht, wo wir vielleicht die Notwendigkeit erkennen, unser Verständnis der Praxis noch mehr zu erweitern. Wenn wir mehr und mehr verstehen, dass es in der Praxis nicht nur um angenehme Bewusstseinszustände geht, die durch Konzentration oder Vertiefung hervorgerufen werden, und dass es dabei auch nicht nur darum geht, uns von unseren persönlichen psychologischen Konditionierungen zu befreien, bewegen wir uns vielleicht im Verlauf des Gewahrseins-Kontinuums weiter zu dem Aspekt, der oft als *weit offenes Gewahrsein* bezeichnet wird. Das ist der wichtigste Aspekt in der Phase des Seinsbewusstseins. Im weit offenen Gewahrsein sind wir, anders als beim Aspekt der Konzentration, nicht auf etwas Bestimmtes fokussiert, wie zum Beispiel den Atem. Und im Vergleich zum Aspekt der Achtsamkeit richten wir unsere Aufmerksamkeit nicht auf die Beobachtung persönlicher Gedanken und Gefühle. Stattdessen mögen Gedanken und Gefühle zwar da sein, aber sie werden wie Wolken am Himmel vorbeiziehen. Und wenn wir *allem,* was auftaucht, mit immer mehr Wachheit begegnen, beginnt sich das Gewahrsein jenseits unserer gewöhnlichen Begrenzungen oder Einschränkungen der Wahrnehmung auszuweiten. Dieser Zustand ist sehr schwer zu beschreiben, aber eine bestimmte Meditationspraxis, das Drei-Punkte-Gewahrsein, öffnet den Zugang zu diesem erweiterten Bewusstseinszustand. Die Anleitungen für diese Meditation werde ich im nächsten Kapitel geben.

Ein erwachtes Leben

Es ist eine ganz bestimmte Erfahrung – eine direkte Erfahrung der Präsenz –, die durch das weit offene Gewahrsein aktiviert werden kann. Darin ist eine Lebendigkeit, als wärest du zum ersten Mal richtig „hier“. Manchmal ist das Gefühl fast elektrisch. Und gelegentlich beginnt unser gewöhnliches Gefühl von uns selbst durchlässig zu werden; und wenn unsere festen Grenzen langsam verschwinden, fühlen wir uns verbundener. Wir erkennen vielleicht vorübergehend, dass „alles Eins ist“ oder die gleichermaßen kraftvolle Einsicht, dass „alles Liebe ist“ – aber das sind nur

Augenblicke. In unserem tatsächlichen Leben bleibt das ganze emotionale Chaos weiterhin bestimmend: Es gibt weiterhin Probleme, Ängste und endlos kreisende Gedanken. Die Empfindung des Selbst verschwindet nicht völlig, und das muss sie auch nicht. Aber etwas verändert sich. Das Gefühl dafür, wer wir sind, die Empfindung eines „Ich" und all seine Geschichten verlieren ihre Festigkeit und Schwere.

Wenn wir die Wolken der Gedanken und Gefühle als nur Wolken erkennen, haben wir nicht länger das Bedürfnis, sie aufzuhalten. Sie verschwinden nicht, aber es ist ein großer Unterschied, ob wir uns mit den Wolken oder dem weiten Himmel, an dem die Wolken erscheinen, identifizieren. Wenn wir uns mit dem Ich-als-Bewusstsein statt mit dem Ich-als-ein-Ich identifizieren, ist das vergleichbar mit dieser Identifikation mit dem Himmel. Und in diesem Gewahrsein sind die Wolken niemals so substantiell, wie sie uns erscheinen, wenn wir darin verloren sind. Angst mag zum Beispiel auftauchen, aber im weiteren Gefäß des offenen Gewahrseins können wir die Angst erfahren, ohne ängstlich zu sein. Die enge Empfindung des Ich-als-Angst, die gewöhnlich bestimmend ist, wird von der weiteren Empfindung des Ich-als-Bewusstsein verdrängt.

Mehr und mehr aus der Wahrnehmung des Ich-als-Bewusstsein oder dem Seinsbewusstsein zu leben, ist ein wichtiger Aspekt eines erwachten Lebens. Auch die Praxis des weit offenen Gewahrseins führt uns in diese Richtung. Das ist nicht die enge Perspektive, die wir in Zuständen der Vertiefung erfahren, noch bedeutet es, dass wir unser Selbstgefühl verlieren, sondern wir erfahren vielmehr einen Zustand erwachter *Präsenz.* Wenn sich das Gewahrsein erweitert, wenn sich die Wolken der Anhaftung und des selbstbezogenen Dramas verflüchtigen, finden wir im Leben – auch in den gewöhnlichsten Tätigkeiten – Klarheit und Frische. Auch in unseren Aktivitäten bleibt uns das *Wissen,* wer wir wirklich sind, erhalten – dass wir mehr sind, als dieser Körper, dieses persönliche Drama –, und die Klarheit und das Geheimnis unserer grundlegenden Verbundenheit wird für uns immer mehr zu einer gelebten Wirklichkeit.

Wahrscheinlich ist unser urteilender Geist das größte Hindernis für dieses Gewahrsein. Es ist eine leicht nachzuvollziehende Tatsache, dass wir uns selbst und andere ständig als gut oder schlecht beurteilen. Wenn wir mit schwierigen Erfahrungen konfrontiert sind, kommen wir oft zu dem Urteil, das etwas nicht in Ordnung ist. Und vielleicht führt uns das auch zu dem Schluss, dass mit uns etwas nicht in Ordnung ist. Dieses destruktive Gefühl der Lieblosigkeit durchdringt oft unser Leben und hindert uns daran, offenherzig und aufrichtig zu sein. Selbst wenn wir freudvolle Erfahrungen machen, beurteilen wir sie oft als richtig und gut. Solche sogenannten „positiven" Urteile führen nicht zu dem Leiden, das negative Urteile hervorrufen, aber beides sind Urteile, und sie nähren den Kreislauf des wachen Schlafens.

Der Aspekt der Achtsamkeit in der Praxis wird uns bis zu einem gewissen Grad dabei helfen, unsere urteilenden Gedanken zu durchschauen. Und die Bereitschaft, ehrlich unseren Mangel an Mitgefühl gegenüber uns selbst zu erkennen, wird nach und nach unsere Selbstverurteilungen schwächen. Aber noch ein weiterer Aspekt des Gewahrseins-Kontinuums ist hier entscheidend: aus dem Herzen der Seinsgüte zu leben. Deshalb lege ich solch einen Schwerpunkt auf das Gewahrseins des Atmens in der Mitte des Brustkorbs, eine Praxis mit der einzigartigen Fähigkeit, die Härte des urteilenden Geistes aufzulösen. In der Tat, wenn wir unser Gewahrsein auf die Mitte des Brustkorbs fokussieren, ist es schwer, weiter am Denken – besonders an unfreundlichen Gedanken – festzuhalten. Wenn wir unser Gewahrsein auf diesen Bereich richten, erscheint die Empfindung der Seinsgüte – das Gegenmittel für Selbstverurteilung – ganz natürlich. Egal, wie viel Klarheit oder Weite wir spüren, ohne Seinsgüte, ohne eine Wahrnehmung des Herzens, werden wir sicher nicht in einer Weise leben können, die aufrichtig ist und dem gerecht wird, wer wir wirklich sind.

Eine Analogie

Es gibt eine gute Analogie, die das Gewahrsein beschreibt, das nötig ist, um erwacht zu leben. Die Analogie besteht darin, das Gewahrseins-Kontinuum mit einem Fotoapparat zu vergleichen. Die Vorstufe des Gewahrseins-Kontinuums, die wir vorher als waches Schlafen bezeichnet haben und in der wir nicht aufmerksam und nicht präsent sind, können wir mit einem Fotoapparat vergleichen, dessen Linse durch einen dunklen Filter verdeckt wird. Wenn wir mit der Praxis des Gewahrseins beginnen, lernen wir im Grunde, den Filter von der Linse zu nehmen – wir lernen, neu zu sehen, und erfahren eine neue Sicht der Welt.

Der Aspekt der Konzentration im Gewahrseins-Kontinuum ist mit einem Teleobjektiv vergleichbar, mit dem wir uns auf einen Aspekt unserer Erfahrung fokussieren, wie zum Beispiel den Atem oder ein Koan, und damit sehr intensiv praktizieren. Wir benutzen dieses Objektiv auch, wenn wir nicht auf dem Meditationskissen sitzen, wenn wir uns auf eine bestimmte Arbeit oder auf kreative oder sportliche Aktivitäten konzentrieren müssen. Hier ist der Aspekt der Konzentration die angemessene Form des Gewahrseins. Aber wenn wir keine fokussierte Aufmerksamkeit brauchen, wechseln wir die Linse des Fotoapparates zum Aspekt der Achtsamkeit.

Der Aspekt der Achtsamkeit im Gewahrseins-Kontinuum kann mit einem Schnappschuss verglichen werden. Mit der Klarheit einer Fotografie untersuchen wir die körperliche und geistige Erfahrung des gegenwärtigen Augenblicks. Wir schauen uns das Foto genau an und sehen dabei oft das, was wir ansonsten nicht sehen würden, oder wir sehen die gleichen Einzelheiten in völlig neuer Weise. Wenn wir ein starkes Gefühl spüren, lernen wir in der direkten Erfahrung des Gefühls zu verweilen, ohne in unserer auf Gedanken basierenden Geschichte gefangen zu sein – mit all dem Drama und den Schuldzuweisungen, die damit einhergehen. Wenn wir die Gedanken objektiv *betrachten,* so als würden wir ein Foto anschauen, entzünden die Gedanken nicht das Feuer der Gefühle. Stattdessen können wir die Gefühle als reine Energie spüren.

Wenn wir weder das Teleobjektiv der Konzentration noch den genauen Schnappschuss der Achtsamkeit verwenden, dann benutzen wir das Weitwinkelobjektiv des *offenen Gewahrseins.* Das Weitwinkelobjektiv nimmt alles ins Bild, vom Gewöhnlichen bis zum Leuchtenden. Wenn die Linse ganz offen ist, kann man die Erfahrung des weit offenen Gewahrseins mit einem 360-Grad-Panorama-Blick und gleichzeitigem Surround-Sound vergleichen. Darin liegt das *Wissen,* die Erkenntnis, dass wir sowohl die Weite des Panoramas als auch eine einzigartige Ausdrucksform dessen *sind.* Das ist die Erfahrung des Seinsbewusstseins.

Es ist wichtig, zu beachten, dass ein erwachtes Leben nicht nur auf einen Punkt im Gewahrseins-Kontinuum beschränkt ist. Es gibt Zeiten, wo wir das Teleobjektiv der Konzentration brauchen, um den unaufhörlichen Lärm des Geistes aus unserer Aufmerksamkeit auszuschließen, damit unser Körper und unser Geist zur Ruhe kommen können. Noch öfter brauchen wir den genauen Schnappschuss der Achtsamkeit, besonders in der Auseinandersetzung mit unseren tief verwurzelten Konditionierungen, inklusive all unserer emotionalen Reaktionen. Aber wenn unser Fotoalbum immer dicker wird und wir uns selbst immer besser kennen, gelingt es uns zunehmend, unsere emotionalen Reaktionen in die Weitwinkelperspektive des weit offenen Gewahrseins mit einzubeziehen. Wir lernen, die Wolken in der Weitwinkelperspektive des offenen Gewahrseins zu erfahren. Wir lernen, mehr und mehr aus dem Seinsbewusstsein zu leben, und sind in der Lage, eine größere Perspektive auf das Leben zu halten. Und in der Weite des weit offenen Gewahrseins, mit dem Atem in der Herz-Mitte, lernen wir jeden Tag Seinsgüte als unsere natürliche Antwort auf das Leben.

Natürlich ist diese Analogie der Linse des Gewahrseins keine wissenschaftliche Formel. Aber genauso verhält es sich auch mit der Praxis. In der Tat ist es eine Sache, die Praxis zu definieren und zu erklären, sie aber zu einer wissenschaftlichen Formel zu reduzieren, ist viel zu begrenzt. Praxis ist nicht Wissenschaft; es ist vielmehr eine Kunstform, in der wir uns mit den Welten des Subtilen, Relativen und Paradoxen auseinandersetzen müssen. Wir begegnen nicht all unseren Erfahrungen mit der gleichen Formel, so wir auch einen Fotoapparat nicht nur in einer Weise verwenden. Je nachdem, was das Leben uns bringt, lernen wir, welche Linse wir benutzen müssen. In der Kunst der Praxis wechseln wir oft sehr schnell zwischen dem Teleobjektiv der Konzentration, den genauen Schnappschüssen der Achtsamkeit und der Weitwinkelperspektive des offenen Gewahrseins.

Aber wirklich erwacht zu leben ist mehr als eine Kunst, es ist letztendlich ein Geheimnis. Aber es muss nicht mysteriös im Sinne von verwirrend sein. Je besser wir die Aspekte des Gewahrseins-Kontinuums verstehen, desto weniger werden wir uns auf ein einziges begrenztes Verständnis des erwachten Lebens festlegen. Anstatt es nur als „Einssein mit unserer Erfahrung", eine Empfindung innerer Weite oder „achtsames Tun" zu verstehen, können wir das erwachte Leben als ein fließendes Zusammenspiel drei grundlegender Aspekte erkennen: das Loslassen der selbstbezogenen Geschichte des „Ich"; eine Empfindung der Präsenz und des Seinsbewusstseins und vor allem eine aufrichtige Verbindung zur Seinsgüte, der Essenz unseres Seins.

Konzentration
Achtsamkeit
offenes, weites Gewahrsein

9 Die Meditation des Drei-Punkte-Gewahrseins

Die nun folgende Meditation ist eine kraftvolle Methode zur Entwicklung des weit offenen Gewahrseins, das ich im vorhergehenden Kapitel beschrieben habe. Wie bei jeder Meditation kann es einige Zeit dauern, bis wir uns mit der Übung vertraut gemacht haben. Aber mit wiederholter Übung wirst du bemerken, dass das, was zunächst kompliziert erschien, in Wirklichkeit ziemlich einfach und direkt ist, und die disziplinierte Anstrengung, die wir brauchen, um diese Meditation zu lernen, wird später viel natürlicher und flüssiger.

Der erste Punkt: Atmen in den Brustkorb

Nimm dir zunächst Zeit für einige tiefe Atemzüge und werde dir deines Körpers bewusst. Für diese Meditation ist es am besten, wenn die Augen geöffnet sind und der Körper ruhig ist. Richte deine Aufmerksamkeit auf den Atem, besonders auf die Empfindung der Kühle in der Nase beim Einatmen und die feine Wärme beim Ausatmen. Verweile für drei volle Atemzüge in der Empfindung des Ein- und Ausatmens in der Nase.

Richte deine Aufmerksamkeit nun auf die Wahrnehmung des Atems in der Mitte des Brustkorbs, im Bereich des Herzens. Atme ein, *als* würdest du direkt in die Mitte des Brustkorbs atmen, und spür es. Und dann atme einfach aus. Verweile für drei volle Atemzüge in der Empfindung des tiefen Ein- und Ausatmens.

Richte deine Aufmerksamkeit als Nächstes auf die Empfindungen im Bauch und fühl die Ausdehnung beim Einatmen und die Kontraktion beim Ausatmen. Verweile für drei volle Atemzüge in der Erfahrung des Ein- und Ausatmens im Bauch.

Und dann versuch schließlich, ob du den Atem an allen drei Orten zugleich spüren kannst – das Ein- und Ausatmen in der Nase, in der Mitte des Brustkorbs und im Bauch. Vielleicht musst du schnell zwischen den drei Punkten hin- und herwechseln, richte aber die meiste Aufmerksamkeit auf die Mitte des Brustkorbs und verweile in dieser tieferen Erfahrung des Atems für drei volle Atemzüge.

Wenn in diesem Teil der Meditation Gedanken auftauchen, versuch dein Bestes, dich nicht darin zu verlieren, und richte deine Aufmerksamkeit stattdessen auf die körperliche Empfindung des Atmens.

Wenn du diese erweiterte Erfahrung des Atems übst, kannst du auch den Rhythmus des Atems spüren. Egal, ob der Atem schnell oder langsam, tief oder flach, regelmäßig oder unregelmäßig ist, spür einfach den Rhythmus, ohne ihn verändern zu wollen. Lass den Atem sich selbst atmen, in seinem eigenen Rhythmus. Du musst nichts weiter tun, als dir dessen bewusst zu werden.

Wenn du den Atemrhythmus bewusst wahrnimmst, richte deine Aufmerksamkeit weiter auf die verschiedenen Empfindungen des Atems im Körper, vor allem die Empfindung in der Mitte des Brustkorbs. Verweile für mindestens drei volle Atemzüge in dieser erweiterten Erfahrung der Empfindungen und Rhythmen des Atems.

Gewahrsein des Atmens, besonders in die Mitte des Brustkorbs, ist der erste Punkt der Meditation des Drei-Punkte-Gewahrseins.

Der zweite Punkt: Gewahrsein für die Umgebung

Der zweite Punkt ist das Gewahrsein für die Umgebung. Während du immer noch etwas Aufmerksamkeit auf den Atem richtest, bring deine Aufmerksamkeit zur Empfindung des Raumes, der dich umgibt. Du kannst die Qualität des Lichts, die Temperatur und nahe und ferne Klänge wahrnehmen. Sei einfach aufmerksam und höre. Du hörst vielleicht auch einen leisen Klang im Kopf. Und möglicherweise hörst du auch Klänge zwischen den Klängen – die Klänge der Stille. Die Klänge müssen nicht schön sein – es können Verkehrslärm, das Summen des Kühlschranks oder menschliche Stimmen sein. Hör einfach. Hör mit dem ganzen Körper, nicht nur mit den Ohren. Und während du hörst, fühl den Atem in der Mitte des Brustkorbs und sei dir gleichzeitig des Raumes bewusst, der dich umgibt. Verweile im doppelten Gewahrsein des Atems und der Umgebung, bis du beide ohne viel Anstrengung halten kannst. Es ist ganz natürlich, dass deine Aufmerksamkeit immer wieder abschweift. Die Übung besteht hier zunächst darin, zum Anker des Atems zurückzukehren, und dann zum Anker der Umgebung, um das weitere Gefäß des doppelten Gewahrseins zu stabilisieren. Wenn es dir möglich ist, richte deine Aufmerksamkeit gleichzeitig auf beides.

Wenn in diesem Teil der Meditation Gedanken auftauchen, schieb sie nicht weg. Aber verlier dich auch nicht in ihnen. Beobachte sie einfach und wenn nötig, benenn sie, um dich nicht mit ihnen zu identifizieren. Und dann kehr zum doppelten Anker des Atems und der Umgebung zurück.

Der dritte Punkt: Der ganze Körper – „Ich bin hier."

Wenn du diese beiden Punkte im Gewahrsein halten kannst, richte deine Aufmerksamkeit auf den dritten Punkt, der vielleicht schwer zu lokalisieren ist, aber am ehesten als die Form des

Körpers beschrieben werden kann. Es ist die Empfindung des Körpers-im-Raum, statt der auf eine bestimmte Wahrnehmung gerichteten Aufmerksamkeit. Vielleicht möchtest du dich kurz auf deine Nasenspitze konzentrieren, um diese besondere Körpererfahrung zu üben. Vielleicht hilft es dir auch, wenn du leise zu dir sagst: „Ich bin hier." Das „Ich" in diesem Satz ist nicht das kleine „Ich" des Egos, sondern die umfassendere Erfahrung des Ich-als-Bewusstsein. Wenn sich das Gewahrsein bis zum dritten Punkt ausdehnt, spürst du das Seinsbewusstsein, die einzigartige direkte Erfahrung der Präsenz – einschließlich des Körpers, aber nicht auf den Körper begrenzt.

Verweile in diesen drei Punkten für die restliche Zeit der Meditation und verbinde das Gewahrsein des Atmens in die Mitte des Brustkorbs, die Wahrnehmung der Umgebung und die ganzheitliche Empfindung des Körpers. Es ist völlig in Ordnung, zwischen ihnen zu wechseln; mit zunehmender Praxis wird es dir schließlich gelingen, alle drei gleichzeitig in deinem Gewahrsein zu halten.

Hier ist eine wichtige Anleitung, wenn du in Gedanken abschweifen solltest: Wenn du erkennst, dass du in Gedanken gefangen bist, folge der bewussten Absicht, für drei Atemzüge zur Wirklichkeit zurückzukommen. Mit dem ersten Atemzug verbindest du dich wieder mit dem Anker der Empfindung des Atmens in die Mitte des Brustkorbs. Mit dem zweiten Atemzug verbindest du dich wieder mit dem Anker der Wahrnehmung der Umgebung. Und mit dem dritten Atemzug verbindest du dich wieder mit dem Gewahrsein für den ganzen Körper, einschließlich der Erfahrung des „Hierseins". Diese besondere Kombination – Atmen in den Brustkorb, Wahrnehmung der Umgebung, Gewahrsein des ganzen Körpers – scheint die Ausdehnung des Gewahrseins in den erwachten Zustand des Seinsbewusstseins zu beschleunigen.

Wenn du während der Meditation in einer emotionalen Reaktion gefangen bist, musst du sie nicht wegschieben. Du musst einfach nur vorübergehend einen anderen Gang einlegen. Wenn es ein leichtes Gefühl ist, dann bemerke und fühle es und kehre zum Drei-Punkte-Gewahrsein zurück. Wenn das Gefühl stark ist, musst du dich vielleicht darauf fokussieren, es mit dem „Was ist das?“-Geist zu erfahren – dass heißt, mit der Absicht, in der körperlichen Erfahrung des Gefühls gegenwärtig zu sein. Aber sobald die Schwere oder Unruhe sich auflöst, kehre zur Meditation zurück, indem du dich in drei aufeinanderfolgenden Atemzügen wieder mit den drei Punkten verbindest. Es ist sogar möglich, den Nachklang der emotionalen Erfahrung mit in das weitere Gefäß des Drei-Punkte-Gewahrseins einzubeziehen.

Diese Meditation des Drei-Punkte-Gewahrseins ist die Essenz des weit offenen Gewahrseins, in dem wir alles, was erscheint – Gedanken, Gefühle, Empfindungen –, in dem umfassenden Gefäß der drei Punkte wahrnehmen. Gewahrsein ist nicht nur auf diese drei Punkte begrenzt, und wir üben mit diesen drei Punkten auch nicht mit Hilfe von Konzentration; wir halten sie vielmehr mit Leichtigkeit und so gut wir können kontinuierlich in unserer Aufmerksamkeit. Dann ist nichts aus unserem Gewahrsein ausgeschlossen. Und das ist mit der Zen-Übung des *shikantaza* vergleichbar, aber mit zwei wichtigen Unterschieden. Zum einen geben uns die drei Punkte einen Kontext, in dem wir alles erfahren, was auftaucht, einschließlich der Gedanken und Gefühle. Zum anderen bieten sie ganz bestimmt Anker, zu denen wir zurückkehren können, wenn unsere Aufmerksamkeit nachlässt. Dieser Kontext und diese Anker helfen uns dabei, dass die Praxis nicht unklar und abgehoben wird, was die wichtigsten Schwierigkeiten sind, die manche Übende mit shikantaza haben. Wenn du die Fähigkeit entwickelst, die Praxis des Drei-Punkte-Gewahrseins kontinuierlich zu üben, wird es dir mit Absicht und Anstrengung möglich sein, im Laufe des Tages in dieses Gewahrsein einzutreten, sei es beim Laufen, Einkaufen oder Auto fahren.

Es gibt eine Schnellversion dieser Meditation, die ideal ist, wenn du in einer Schlange wartest oder bei Rot an der Ampel stehst. Diese Version bezieht sich auf den Satz, den ich schon erwähnt habe – „Ich bin hier." Atme ein, bringe deine Aufmerksamkeit in die Mitte des Brustkorbs; atme langsam aus und sage: „Ich". Richte beim zweiten Einatmen deine Aufmerksamkeit weiterhin auf die Mitte des Brustkorbs und zudem auf die Umgebung; atme langsam aus und sage: „Bin". Richte beim dritten Einatmen deine Aufmerksamkeit weiterhin leicht auf den Atem und die Umgebung und werde dir der ganzheitlichen Empfindung des Körpers im Raum bewusst; atme langsam aus und sage: „Hier". Jedes Wort kann in dieser kurzen und kraftvollen Übung tiefe Bedeutung erschließen. Du kannst diese Praxis überall und jederzeit üben, und wenn du die drei Sätze wiederholst, versetzt dich das vielleicht sofort in die Erfahrung des Seinsbewusstseins, des *bewussten* Lebens. Jeder dieser Augenblicke, die wir im Drei-Punkte-Gewahrsein verbringen, wird zur Nahrung für unser Sein.

10 Hilfreiche Übungen im Alltag

Die Grundlagen für die Entwicklung des Seinsbewusstseins legen wir in der Meditationspraxis, besonders in der Meditation des Drei-Punkte-Gewahrseins, in der wir über den engen Geist des Ich-Ballasts hinausgehen und in eine viel umfassendere Wahrnehmung unserer selbst und des Lebens eintreten. Es ist ganz natürlich, dass wir dieses weitere Gewahrsein auch im Alltag erfahren wollen, und es gibt viele Methoden, die uns dabei helfen. Die Entwicklung von Beharrlichkeit, Neugier und Mitgefühl unterstützt uns dabei, von unserer gewohnten Identität als Ich-als-ein-Ich zu der ungebundenen Identität des Ich-als-Bewusstsein zu gelangen. Zudem gibt es besondere Übungen, die wir inmitten des Alltags praktizieren können, um diese wichtige Veränderung zu ermöglichen. Drei tägliche Übungen, mit denen ich viele Jahre gearbeitet habe, sind die Mind-Maps, das Gatha-Gehen und die Abendreflexion.

Mind-Maps

Das Anfertigen einer Mind-Map ist schon lange bekannt und es gibt verschiedene Versionen davon. Die Version, die ich hier vorstelle, ist sehr einfach, aber trotzdem sehr effektiv, um uns aus einer weiteren Perspektive zu zeigen, was uns antreibt. Und so funktioniert es: Wenn du in einem emotionalen Problem feststeckst und dir nicht sicher bist, was du eigentlich denkst oder fühlst, denk zunächst an einen kurzen Satz, der das Problem am besten beschreibt. Als Nächstes schreib den Satz in die Mitte eines Blattes und zeichne einen Kreis darum. Dort könnte zum Beispiel „Probleme mit Geld", Schwierigkeiten in der Beziehung", „Depression" oder „Angst um meine Gesundheit" stehen. Wenn sich dann in den nächsten Stunden oder Tagen Gedanken, Gefühle oder Körperempfindungen zeigen, die mit dem Thema verbunden sind, schreibst du sie auf das Blatt. Was du aufschreibst, muss in keiner bestimmten Ordnung sein – du kannst es überall auf dem Blatt verteilen.

Damit zeichnest du im Grunde eine Karte des Geistes, und all die Fragmente, die durch deinen Geist schweben, werden beim Aufschreiben objektiviert. In gewisser Weise ist diese Praxis eine ausführlichere Variante des Benennens der Gedanken; aber hier schreiben wir die Gedanken auf, anstatt sie still zu wiederholen, und dabei werden auch Gefühle und Körperempfindungen mit berücksichtigt.

Bei dieser Übung ist es sehr wichtig, dass wir das Problem nicht analysieren. Anstatt herausfinden zu wollen, was passiert, besteht die Praxis darin, Gedanken und Gefühle objektiv zu beobachten und sie dann aufzuschreiben. Denk nicht so viel darüber nach, was du aufschreiben sollst, lass das, was da ist, einfach ungehindert zum Ausdruck kommen. Wenn du anfängst zu analysieren, wirst du wahrscheinlich noch mehr in der ständig kreisenden mentalen Welt gefangen sein – in der bekannten Welt des Ich-Ballasts. Beim Aufschreiben der einzelnen Punkte geht es darum, schließlich mit durchdringender Klarheit zu sehen, was du auf bewusster und unbewusster Ebene glaubst und fühlst.

Wenn du die meisten Gedanken und Gefühle aufgeschrieben hast (das kann sich mehrere Stunden oder sogar über Tage hinziehen), betrachte die ganze Seite, als wäre es eine Karte deines Geistes. Beachte die wiederkehrenden Gedankenmuster und beachte auch die Beziehung zwischen den Gedanken, den Gefühlen und den Körperempfindungen. Und an diesem Punkt stell dir die entscheidende Frage der Praxis: „Welchen konditionierten Gedanken glaube ich am meisten?"

Es ist gut möglich, dass die Antwort nicht sofort offensichtlich sein wird, denn die Gedanken, die wir aufschreiben, sind oft oberflächliche Gedanken. Wiederhol die Frage, entweder sofort oder etwas später; wenn du wirklich wissen willst, was du glaubst, besteht die Chance, dass sich früher oder später die Antwort von selbst zeigt.

Sobald der Gedanke sichtbar wird, an den du am stärksten glaubst, füg ihn zur Mind-Map hinzu. Wenn du dir nun die ganze Karte anschaust, wird es fast immer klar, dass die oberflächlichen Gedanken und die damit verbundenen Gefühle unmittelbar aus der ursprünglichen Überzeugung entstanden sind. Tiefe Überzeugungen, wie „Ich werde nicht wertgeschätzt", „Ich werde immer allein sein" oder „Nichts wird mir gelingen", hören sich vielleicht banal an, aber wenn wir uns selbst besser kennenlernen, wird ihre zerstörerische Kraft offensichtlich.

Bei der Praxis des Mind-Mappings geht es darum, uns selbst in einem größeren Gefäß des Gewahrseins zu sehen. Wenn wir uns selbst und unsere Schwierigkeiten mit mehr Aufmerksamkeit betrachten können, sind wir nicht länger so mit dem kleinen Geist identifiziert – dem Geist des Ich-als-ein-Ich. Die Fähigkeit, nicht länger so mit unseren Gedanken und Gefühlen identifiziert zu sein, ist entscheidend, um aus dem weiteren und gegenwärtigen Zustand des Seinsbewusstseins zu leben.

Gatha-Gehen

Das Gatha-Gehen ist eine Form der Gehmeditation, die im Freien geübt wird. Ich habe sie in den frühen 80er Jahren von dem vietnamesischen Zen-Lehrer Thich Nhat Hanh gelernt. Seitdem habe ich diese Übung mit einigen Unterbrechungen über 25 Jahre lang geübt. *Gatha* bedeutet Vers, und beim Gatha-Gehen wiederholen wir leise die Gatha, während wir gehen. Im Gegensatz zu Affirmationen ist eine Gatha nicht dazu da, unseren emotionalen Zustand zu verändern, sondern wird dazu benutzt, unsere Aufmerksamkeit in bestimmter Weise auszurichten. Gatha-Gehen wurde einmal als die Ambrosia aller Meditationen bezeichnet, zum Teil deshalb, weil man sich dabei weit weniger anstrengen muss, als bei allen anderen Meditationen, und weil die Praxis meistens sehr angenehm ist.

Die Anleitungen zu dieser Übung sind einfach: Gehe im Freien in entspannter Geschwindigkeit, als würdest du durch einen Park spazieren. Im Gegensatz zur Sitzmeditation, bei der die Aufmerksamkeit nach innen gerichtet ist, geht es bei dem Gatha-Gehen darum, unsere Sinne zu benutzen – sehen, hören, riechen, berühren. Um zu vermeiden, dass wir uns in Tagträumen verlieren, wiederholen wir still einen Vers oder eine Gatha, wieder und wieder. Die Gatha ist in der Regel sehr kurz und einfach, aber die Worte sind bedeutungsvoll und helfen uns dabei, wirklich ganz da zu sein.

Die Gatha, die ich seit einiger Zeit benutze, hat vier Zeilen:

> Wenn ich gehe, werden meine Gedanken abschweifen.
> Mit jedem Klang kehrt die Aufmerksamkeit zurück.
> Mit jedem Atmen öffnet sich mein Herz.
> Mit jedem Schritt berühre ich die Erde.

Es ist ratsam, diesen Vers während des Gehens die ganze Zeit über zu wiederholen, auch wenn wir uns sehr offen und weit fühlen; andererseits kann es leicht sein, dass wir abheben, statt in der

Weite zu verweilen. Während wir gehen, richten wir unsere Aufmerksamkeit auf die Umgebung und verwenden den Vers dazu, unsere Aufmerksamkeit zu leiten. Die erste Zeile zum Beispiel – „Wenn ich gehe, werden meine Gedanken abschweifen“ – bringt einfach die Tatsache zum Ausdruck, dass unsere Gedanken ständig abschweifen. Damit beurteilen wir das Abschweifen der Gedanken nicht als schlecht; es ist einfach eine objektive Anerkennung dieser Tatsache.

Bei der zweiten Zeile – „Mit jedem Klang kehrt die Aufmerksamkeit zurück“ – richten wir unsere Aufmerksamkeit auf die Klänge, um uns zur Wirklichkeit des gegenwärtigen Augenblicks zurückzubringen. Ich lebe am Meer und habe das Glück, regelmäßig am Strand spazieren gehen zu können, wobei ich meine Aufmerksamkeit nicht nur auf die Klänge des Ozeans oder der Möwen richte, sondern auch auf den Wind, das Gefühl der Sonne auf meinem Gesicht, den Geruch des Salzwassers und andere Sinneswahrnehmungen, die auftauchen mögen. Ein schöner Ort wie der Strand bietet eine reiche Welt der Sinneseindrücke, die wir aufnehmen und wertschätzen können, aber wir müssen nicht am Meer oder im Wald sein, damit das Gatha-Gehen eine tiefe Erfahrung sein kann. Ich hatte wunderbare Erfahrungen beim Gatha-Gehen in den belebten Straßen von New York City.

Bei der dritten Zeile – „Mit jedem Atmen öffnet sich mein Herz“ – versuchen wir nicht, uns mit disziplinierter Anstrengung auf den Atem zu konzentrieren. Stattdessen sind wir uns des Atems sanft bewusst, wenn wir ihn in der Mitte des Brustkorbs spüren. Manchmal fühlt es sich so an, als würde die Brise durch mich hindurchgehen, mit dem Gefühl, dass jeder Atemzug das Seinsbewusstsein nährt. Wie bei den anderen Zeilen verweilen wir auch bei dieser Zeile für einige Atemzüge, bevor wir zur nächsten gehen.

Bei der letzten Zeile – „Mit jedem Schritt berühre ich die Erde“ – spüren wir, dass wir wirklich auf der Erde gehen, und wir sind uns der Kostbarkeit unseres Lebens bewusst. Darin ist eine unverwechselbare Empfindung der Präsenz, des „Hierseins“, das die Essenz des Seinsbewusstseins ist.

Obwohl das Gatha-Gehen eine sehr angenehme Erfahrung sein kann, ist es nicht das Ziel dieser Praxis, dass wir uns einfach nur gut fühlen. In der Tat hat es kein „Ziel" im gewöhnlichen Sinne. Beim Gatha-Gehen versuchen wir nicht, irgendetwas zu bekommen, und gehen auch nicht in eine bestimmte Richtung, um schließlich irgendwo anzukommen; stattdessen ist jeder Schritt vollkommen in sich selbst. Jeder Schritt ist wertvoll. Gleichzeitig entwickeln wir mit jedem Schritt eine umfassendere Erfahrung des Lebens.

Beim gewöhnlichen Gehen, mit dem Kopf voller Gedanken, sehen wir die Welt nur durch den Filter unserer Gedanken. Beim Gatha-Gehen erwacht unser Geist und der schimmernde Puls des Lebens offenbart sich.

Abendreflexion

Die Abendreflexion ist eine entspannte Meditation, die kurz vor dem Schlafengehen geübt wird. Ich übe sie auf dem Rücken liegend, die Hände über dem Bauch gefaltet (im Yoga wird diese Haltung als „Leiche" bezeichnet). Die Augen können offen oder geschlossen sein. Es ist am besten, diese Übung jeden Abend zu ungefähr der gleichen Zeit zu machen, besonders wichtig ist, sie zu üben, bevor wir zu müde sind.

Der Sinn der Abendreflexion ist es, die Ereignisse des Tages innerlich anzuschauen, angefangen bei der ersten Erinnerung am Morgen bis zum Beginn deiner Reflexion. Konzentriere dich auf die wichtigen Ereignisse, Gedanken und Gefühle, die du während des Tages erfahren hast, so als würdest du dir die Höhepunkte eines Films anschauen. Es ist wichtig, dass wir während der Abendreflexion nicht ins Denken oder Analysieren abgleiten, sondern das, was wirklich geschehen ist, so objektiv wie möglich anschauen, ohne uns in Urteilen zu verfangen. Die Anleitung besteht dabei darin, dass wir versuchen körperlich geerdet zu sein, indem wir unsere Aufmerksamkeit auf den Atem richten, wie er in der Mitte des Brustkorbs ein- und ausströmt. Ohne diese Erdung kann die Übung leicht zu mental werden.

Wenn du die Rückschau beendet hast, stell dir zwei Fragen: „Wofür bin ich am meisten dankbar?“ und „Was bereue ich am meisten?“

Durch die regelmäßige Abendreflexion entwickeln wir nicht nur eine tiefere Dankbarkeit während der Meditation, sondern werden auch wacher und aufnahmefähiger im Laufe des Tages. Wir sehen zum Beispiel, dass wir bei unseren täglichen Verrichtungen oft nicht sehr dankbar sind. Wir bemerken kleine positive Augenblicke meist gar nicht, oder wir vergessen sie gleich wieder. Aber wenn wir tiefer damit in Berührung sind, was im Laufe des Tages wirklich geschieht, dann sind diese Momente etwas Besonderes und wir erfahren eine aufrichtige Dankbarkeit für unsere gegenwärtige Erfahrung.

Und auch wenn wir uns jeden Abend fragen, was wir am meisten bereuen, dann wird unsere Sensibilität während des Tages feiner. Interessanterweise werden wir nicht entmutigt, wenn wir einfach, ohne zu verurteilen, bemerken können, was wir bereuen. In der Tat ist dieses Erwachen des Gewissens etwas sehr Positives und unterstützt unsere Absicht, aus einer tieferen Verbindung mit dem Herzen zu leben. Denk daran, dass es besonders wichtig ist, in die Mitte des Brustkorbs zu atmen, wenn wir diese beiden Fragen stellen, denn das hilft uns dabei, die mentalen Umwege des Denkens und Urteilens zu vermeiden.

Als Folge dieser Rückschau auf unseren Tag in einer fokussierten Abendreflexion entwickeln wir einen größeren Raum des Gewahrseins in uns. Wenn wir uns den Film der Ereignisse unseres Tages anschauen, können wir unser Handeln objektiver betrachten und sind gleichzeitig nicht mehr so identifiziert damit.

Während der Phase des Seinsbewusstseins ereignet sich eine tief greifende Transformation vom Fokus auf das Ich-als-ein-Ich zur Freiheit des Gewahrseins. Um diese Wandlung zu vollziehen, sind oft bewusste Anstrengungen nötig, wie zum Beispiel diejenigen, die in den drei Übungen des Alltags enthalten sind und die es uns ermöglichen, eine tiefere Verbindung mit dem Leben zu finden. Durch das Mind-Mapping sind wir nicht mehr so sehr mit unseren Gedanken und Gefühlen identifiziert; das Gatha-Gehen unterstützt die spürbare Erfahrung des Seins; und die Abendreflexion hilft uns, eine weitere Perspektive zu entwickeln und gleichzeitig die grundlegenden Tugenden der Dankbarkeit und des Gewissens zu entwickeln. Jede dieser Übungen ist Nahrung für das Seinsbewusstsein, und während wir langsam (und vielleicht widerwillig) die Geschichte des „Ich" loslassen, wird das Wunder und die Freude unserer tiefen Verbundenheit immer mehr zu einem natürlichen Ausdruck unserer selbst und unseres Lebens.

TEIL 3

Die Entwicklung der Seinsgüte

11 Die Lehrer-Schüler-Beziehung

Wie ich schon erwähnt habe, sind die drei Phasen der Praxis – die Ich-Phase, Seinsbewusstsein und Seinsgüte – im Verlauf des spirituellen Lebens ständig miteinander verwoben; sie beginnen und enden nicht an einem bestimmten Punkt. Das trifft besonders auf die Schüler-Lehrer-Beziehung zu, aber das Wesen und die Qualität der Schüler-Lehrer-Beziehung ist einer der wichtigsten Faktoren auf dem spirituellen Weg eines Übenden und wird zweifellos einen großen Einfluss auf die Fähigkeit des Schülers haben, durch die Ich-Phase hindurchzugehen und sich den Phasen des Seinsbewusstseins und der Seinsgüte zu öffnen.

Während unserer spirituellen Suche kommen viele von uns zur Erkenntnis, dass wir die Hilfe eines Lehrers brauchen. Viele Sucher haben damit kein Problem, aber manche gehen nie über diesen Punkt hinaus. Wenn du zum Beispiel nicht weißt, dass du schläfst, ist es unwahrscheinlich, dass du nach einem Lehrer suchen wirst, der dir beim Aufwachen hilft. Oder wenn du misstrauisch gegenüber Autoritäten bist und glaubst, dass es falsch ist, sich einem anderen Menschen anzuvertrauen, wirst du vielleicht niemals dafür offen sein, Rat oder Führung zu suchen. Viele von uns unterschätzen, wie schwer es ist, einen Zustand zu erreichen, in dem die Praxis wirklich die Tiefe unseres Seins und die Tiefe unseres Lebens durchdringt. Wenn wir keinen Lehrer haben, wird das noch zehnmal schwieriger. Anzuerkennen, dass wir einen Lehrer brauchen, heißt nicht, dass du alles blind glauben musst oder deinen gesunden Menschenverstand aufgibst. Es bedeutet aber, dass du dich der Tatsache öffnest, dass du Hilfe brauchst. Immerhin sind auch viele Lehrer weiterhin mit einem Lehrer verbunden.

Es gibt für die Schüler-Lehrer-Beziehung leider kein einfaches Rezept. Jeder Lehrer ist einzigartig – in Bezug auf sein Temperament, seinen Stil und seine Interessen. Einige sind streng und formell; einige locker und entspannt. Und auch jeder Schüler ist einzigartig. Es gibt also keine bestimmten Regeln für diese Beziehung. Selbst innerhalb des Buddhismus gibt es drei traditionelle Formen der Schüler-Lehrer-Beziehung, die sich sehr voneinander unterscheiden; aber sie zeigen die allgemein verbreiteten Möglichkeiten dieser Beziehung, wie wir sie auch in anderen Traditionen finden. In der tibetischen Tradition ist die Hingabe an den Lehrer, der als Guru angesehen wird, ein sehr wichtiges Element der Beziehung. In der Vipassanā-Tradition wird der Lehrer als Begleiter und spiritueller Freund gesehen, was sich sehr vom erhabenen Guru unterscheidet. Im Zen ist die Rolle des Lehrers weniger definiert, obwohl er oft romantisiert als charismatischer Auslöser der spirituellen Transformation gesehen wird, der fähig ist, den Schüler mit einer treffenden Frage oder dem Schlag eines Stockes zur Erleuchtung zu katapultieren. Jede dieser drei Formen hat ihre Vorteile und Begrenzungen, aber wichtig dabei ist, dass es keine allgemeine Formel für die Lehrer-Schüler-Beziehung gibt.

Unabhängig von den Unterschieden im Stil des Lehrers ist seine Funktion im Grunde immer die Gleiche: die Lösung des tiefsten menschlichen Problems – unsere Getrenntheit vom Gewahrsein unseres wahren Wesens. Jeder einzelne Lehrer wird hier seine eigene Herangehensweise haben. Der Lehrer wird vielleicht betonen, dass wir die Welt des Verstandes hinter uns lassen müssen, um in die Stille der wahren Wirklichkeit einzutreten. Für einen anderen Lehrer ist womöglich der psychologische Aspekt der Praxis wichtiger – besonders der Fokus auf den Ich-Ballast als eine Möglichkeit, unsere getrübte Wahrnehmung zu klären. Und ein weiterer Lehrer konzentriert sich möglicherweise auf bestimmte Methoden und Meditationen, um ein tieferes Gewahrsein zu entwickeln.

Sogar der gleiche Lehrer kann von verschiedenen Menschen je anderes verstanden werden. Einer meiner früheren Lehrer sagte mir, ich sei eher ein Lehrer in der Tradition von Gurdjieff als ein Zen-Lehrer. Und meine Schüler sagen mir manchmal, dass ich eher Vipassanā-Praktiken als Zen-Übungen lehre.

Um so besser! Kein einzelner Weg kann die Wahrheit allein für sich beanspruchen. Die Wahrheit kommt in verschiedenen Formen und durch verschiedene Traditionen. Aber egal, welchen Schwerpunkt ein bestimmter Lehrer oder eine bestimmte Tradition einnimmt, das tiefere Anliegen ist universell: Wir müssen zu unserer wahren Identität, zu unserer grundlegenden Verbundenheit, erwachen.

Es gibt auch allgemeine Stufen, durch die sich die Schüler-Lehrer-Beziehung entwickelt, und in meiner jahrelangen Erfahrung als Lehrer und Schüler habe ich drei bestimmte Stufen beobachtet, die jede für sich als ein Schritt in die Freiheit wirken kann.

Die Suche nach dem Lehrer

Wenn wir akzeptiert haben, dass wir einen Lehrer brauchen, müssen wir den Lehrer finden, der zu uns passt. Das wird vielleicht eine Zeit von Versuch und Irrtum brauchen, denn nicht jeder Lehrer passt zu jedem Schüler. In der Tat ist hier die Unterscheidungsfähigkeit des Schülers sehr wichtig. Natürlich ist es schwer, einen Lehrer beim ersten Eindruck zu beurteilen, es gibt aber trotzdem offensichtliche Zeichen, dass der Lehrer nicht die beste Wahl sein mag. Wenn der Lehrer zum Beispiel mit einem Ausdruck von Unfehlbarkeit spricht, andere Lehrer und Praktiken schlecht macht oder sich gegen ehrliche und prüfende Fragen wehrt, dann ist es wohl besser, weiter zu suchen.

Es gibt eine weitere Eigenschaft, die uns den Lehrer hinterfragen lässt. Einige Lehrer sind gut darauf vorbereitet, ihre Erleuchtungserfahrungen zu beschreiben, oder bezeichnen sich selbst sogar als erleuchtete Wesen oder behaupten, sie hätten die „Eine Wahrheit" erkannt. Hier ist Laotses bekannter Satz sehr hilfreich: „Der Wissende redet nicht; der Redende weiß nichts." Sobald sich ein Lehrer für erleuchtet hält, wird jede Klarheit, die er haben mag, zur Täuschung werden. Diese besondere Form der Selbsttäuschung wurde als eine der am schwierigsten durchschaubaren beschrieben. Niemand ist vollendet, und wenn sich Lehrer selbst als erleuchtete Wesen sehen, sind sie wahrscheinlich kaum offen für Neues, besonders was ihrem Selbstbild als „Meister" widerspricht. Daran müssen wir uns erinnern, wenn wir nach einem Lehrer suchen, denn es gibt einen Teil in jedem von uns, der von einem selbst ernannten Erleuchteten gerettet werden möchte.

Aber bedenke auch, dass du dich nicht auf deine Gefühle beim ersten Eindruck von einem Lehrer verlassen kannst, um zu beurteilen, ob er zu dir passt. Manchmal sind unsere „tiefsten" Gefühle – denen wir oft am meisten vertrauen – in Wirklichkeit ziemlich fragwürdig. Als ich meinen ersten Lehrer traf, der aus der Tradition von Gurdjieff kam, war er mir zunächst sehr unsympathisch. Er schien sehr autoritär und schroff zu sein, und schien all meine wunden Punkte zu berühren. Aber ich war voll und ganz von der Praxis überzeugt, und so blieb ich bei ihm. Nach und nach erkannte ich, dass mein erster Eindruck nicht richtig war. Gleichzeitig setzte ich mich mit meiner ablehnenden Haltung, die ich ihm entgegenbrachte, auseinander und lernte seine guten Eigenschaften zu schätzen.

Als ich meinen zweiten Lehrer, einen Zen-Lehrer, traf, dachte ich zunächst, dass dies nur eine Zwischenstation sei und ich spürte keine Verbindung zu dem Lehrer oder der Gemeinschaft. Zwei Jahre lang hörte ich seine Dharma-Vorträge, wobei ich aber kaum etwas verstand – sie waren voller Zen-Rätsel und es ging weniger um die Praxis, als um die Vermittlung einer direkten Erfahrung. Aber auch hier war ich voll und ganz von der Praxis überzeugt, und nach einer Weile begann ich die Vorträge zu verstehen und blieb für viele Jahre bei diesem Lehrer.

Nicht immer ist die Suche nach einem guten Lehrer so einfach und Versuch und Irrtum ist vielleicht die beste Herangehensweise. Aber obwohl es für eine gewisse Zeit angemessen sein kann, verschiedene Lehrer aus verschiedenen Traditionen auszuprobieren, müssen wir uns auch darüber im Klaren sein, dass wir vielleicht einfach nur unsere gewohnheitsmäßigen Muster der Unzufriedenheit und des Zweifels ausleben und vor jeder tieferen Verpflichtung zurückschrecken. Früher oder später müssen wir uns für einen Übungsweg – oder gar für einen Lehrer – entscheiden, wenn wir unsere Praxis vertiefen wollen. Ohne diese Entscheidung können wir nie die authentische Herzensverbindung entwickeln, die in der Schüler-Lehrer-Beziehung möglich ist – eine Verbundenheit, die unsere spirituelle Entwicklung weit mehr unterstützt, als es Bücher oder Worte allein je könnten.

Schwierigkeiten mit dem Lehrer

Die zweite Stufe in der Schüler-Lehrer-Beziehung ist die Auseinandersetzung mit den Schwierigkeiten, denen wir in dieser Beziehung unvermeidlich begegnen werden. Meist liegt der Grund für diese Schwierigkeiten in den übertriebenen Erwartungen des Schülers, einschließlich all der Ideen darüber, wie diese Beziehung sein sollte. Wenn wir diese Schwierigkeiten in der Ich-Phase der Praxis klären, kann unsere natürliche Seinsgüte leichter zum Ausdruck kommen.

Eine der verbreitetsten Erwartungen des Schülers ist, den Lehrer als jemanden zu sehen, den wir auf ein Podest heben müssen. Der Lehrer wird dann als heilig und wunderbar verklärt oder auf einer noch subtileren Ebene wird er als derjenige gesehen, der genau weiß, was das Richtige ist. Wenn wir diese kindlichen Vorstellungen haben und gerettet werden wollen, sind wir sicher dazu bereit, den positiven Projektionen zu glauben, die wir auf den Lehrer richten.

Wenn wir glauben, dass unser Lehrer „auf dem Wasser gehen kann", werden wir sehr wahrscheinlich in unserer Desillusionierung ertrinken. Aber diese Phase der Praxis muss nicht problematisch sein; es kann in der Tat sehr wertvoll sein, wenn wir dazu gezwungen werden, uns mit der unvermeidlichen Enttäuschung zu konfrontieren, wenn wir diese Illusion durchschauen. Diese Phase ist nur ein Problem, wenn der Schüler darin stecken bleibt oder nicht weiß, wie er in seiner Praxis mit dieser Desillusionierung umgehen soll, in der er sieht, wie seine idealisierenden Projektionen des Lehrers in sich zusammenfallen.

Aber es gibt noch subtilere Arten, wie wir den Lehrer auf ein Podest heben. Vielleicht beginnst du die Praxis mit der Auffassung, dass der Lehrer vollkommen sein sollte oder zumindest keine Mängel haben sollte. Du magst dir selbst dieser offensichtlich unrealistischen Erwartung nicht bewusst sein, aber denk daran: Jedes Mal, wenn wir gegen das, was der Lehrer sagt oder tut, einen starken Widerstand spüren, dann ist das ein klares Zeichen, dass wir glauben, der Lehrer *sollte* anders sein. Nimm dir einen Augenblick Zeit und überleg, welche „Mängel" du bei einem Lehrer als inakzeptabel empfindest. Wie reagierst du, wenn der Lehrer etwas tut, das du als „daneben" empfindest? (Bitte beachte, dass ich mit dem Wort *Mangel* kein Verhalten meine, das allgemein als schädlich oder verletzend gilt.) Es ist sehr wahrscheinlich, dass der Lehrer früher oder später etwas tut, das die wunden Punkte deiner persönlichen Konditionierung berührt. Es gibt mit Sicherheit einen „Mangel" im Lehrer, der dich nicht nur verärgert, sondern dich auch dazu bringt, zu glauben, dass deine vorschnellen Urteile „Die Wahrheit" sind.

Zudem bringt jeder Schüler, egal, wie reif er oder sie sein mag, seine eigenen Egostrategien mit in die Beziehung, sei es, dass wir nicht vertrauen können, oder denken, wir müssten uns dem Lehrer fügen oder gegen ihn als Autorität rebellieren, oder wir haben das Bedürfnis, gemocht oder verstanden zu werden etc. Was immer deine Egostrategie sein mag, ohne Zweifel wird sie in der Beziehung zum Lehrer zum Ausdruck kommen, genauso wie sie in anderen Beziehungen zum Ausdruck kommt. Wenn du zum Beispiel eine emotionale Reaktion auf eine schwierige Situation mit deinem Lehrer hast, wirst du dann selbstgerecht und wütend, und denkst, du müsstest dem Lehrer sagen, was du fühlst? Ziehst du dich zurück oder möchtest du aufgeben? Oder erstarrst du? Es ist wichtig, deine eigenen Muster zu kennen. Und es ist wichtig, zu wissen, welche Praxis in diesen Situationen hilfreich ist. Zunächst musst du genau erkennen, was deine eigenen Motive sind. Wann benutzt du einfach deine eigenen subjektiven Werte als Maßstab? Wann reagierst du einfach aus deinen blinden Flecken oder unbewussten Forderungen? In welchen Situationen wiederholst du Muster aus früheren Beziehungen – Muster, mit denen du dich noch nicht auseinandergesetzt hast?

Wenn du zum Beispiel Anerkennung suchst, der Lehrer aber nicht auf deine Egostrategie eingeht, reagierst du vielleicht aus verletzten Gefühlen, die wenig mit dem zu tun haben, was der Lehrer zu dir sagt. Letztendlich muss die Praxis mit einschließen, dass wir uns mit den Ängsten, die unseren schützenden Mustern zugrunde liegen, auseinandersetzen – egal, ob sie im Alltag oder der Beziehung mit unserem Lehrer zum Ausdruck kommen. Aber um uns mit diesen Ängsten auseinandersetzen zu können, müssen wir sie zunächst klar erkennen. Vielleicht ist es auch hilfreich, mit dem Lehrer darüber zu sprechen, wie wir am besten mit den Schwierigkeiten, die durch diese Beziehung ausgelöst wurden, umgehen. Hoffentlich kann der Lehrer dir dabei helfen, zu sehen, was du tust, selbst wenn der Lehrer und deine Beziehung zu ihm das Thema ist.

Wir haben so viele ungeprüfte Vorstellungen über spirituelle Lehrer, dass wir davon ausgehen können, dass sie an einem bestimmten Punkt zu Schwierigkeiten führen werden. Warum? Weil Lehrer nicht vollkommen sind; genauso wie ihre Schüler befinden sie sich in einem kontinuierlichen Prozess. In der Tat, wenn ein spiritueller Lehrer sich nicht an der Grenze seiner eigenen Entwicklung befindet und sich seinen eigenen Ängsten stellt, wird er die Verbindung zu anderen Menschen verlieren, und büßt dadurch auch seine Effektivität als Lehrer ein.

Spirituelle Lehrer müssen mehr als jeder andere ehrlich mit sich selbst sein, und sie müssen bereit sein, ihre eigenen Begrenzungen zu sehen. Ein naiver Schüler möchte vielleicht glauben, dass der Lehrer Gedanken lesen kann, aber der Lehrer kann nie mit Sicherheit wissen, wie die Lehre vom Schüler aufgenommen wird. Der Dalai Lama sprach über einen älteren Mönch, der zu ihm kam und fragte, ob es gut für ihn sei, Hatha-Yoga zu üben. Der Dalai Lama sagte ihm, dass er vielleicht zu alt sei, um mit solch einer körperlichen Übung zu beginnen. Später hörte der Dalai Lama, dass der Mönch Selbstmord begangen hatte, in der Hoffnung, dass er in einem menschlichen Körper wiedergeboren würde, in dem er Yoga üben kann. Wie konnte der Dalai Lama wissen, dass dieser direkte Rat zu solch einem traurigen Ergebnis führen würde? Deshalb trifft den Lehrer in solch einem Fall keine Schuld, trotzdem wird der Lehrer das Gewicht solch eines Ereignisses spüren.

Natürlich gibt es bestimmte Situationen, in denen der Lehrer in der Tat in unangemessener Weise handelt. Es mag kein offensichtliches Problem sein, wie Sex mit Schülern, unangemessener Umgang mit Geld oder Missbrauch von Alkohol oder Drogen, aber es muss trotzdem angesprochen werden. Aber im Gegensatz zu diesen offensichtlich unangemessenen Situationen spreche ich von harmlosen Situationen, die eine Reaktion bei uns auslösen. Und der wichtigste Punkt dabei ist, dass es das Beste ist, wenn wir uns zuerst mit unseren eigenen emotionalen Reaktionen auseinandersetzen – und sie durchschauen –, denn die meisten unserer Reaktionen basieren auf unseren eigenen Annahmen und konditionierten Ansichten. Es gibt unter Übenden zum Beispiel die weitverbreitete Annahme, dass die Schüler-Lehrer-Beziehung angenehm sein sollte, oder zumindest nicht schwierig. Wenn wir diese Annahme haben, wirst du sicher reagieren, wenn der Lehrer dich auf etwas in dir hinweist, das du bisher nicht gesehen hast und wahrscheinlich auch nicht sehen willst. Wenn du erwartest, dass die Beziehung leicht sein wird, wie wirst du reagieren, wenn du aufgefordert wirst, dich mit etwas auseinanderzusetzen, das du nicht sehen willst? Aber wenn du nur das tust, was sich angenehm anfühlt oder leicht ist, dann verschließt du dich mehr und mehr dem Lernen. Und das ist schade, denn selbst der beste Lehrer kann nur soviel lehren, wie der Schüler bereit ist zu lernen.

Wenn du erkennst, welche Annahmen und Motive du in die Beziehung mitbringst, solltest du dir wegen deiner „Fehler" keine Selbstvorwürfe machen oder versuchen, ein besserer Schüler zu sein. Es bedeutet stattdessen, dass du deine eigenen Glaubenssätze und Handlungen immer klarer erkennen kannst und sie und die Schwierigkeiten, die dadurch in der Lehrer-Schüler-Beziehung entstehen, nutzen kannst, um deine Praxis zu vertiefen. Ein Schüler zu sein bedeutet ja nun mal zu lernen. Und jeder Lehrer wünscht sich, dass seine Schüler lernen, auf eigenen Füßen zu stehen, und dass sie sich von ihren konditionierten Glaubenssätzen und Verhaltensweisen befreien. Je weniger wir aus unseren eigenen Vorstellungen handeln, wenn es um die Abhängigkeit von einer Autorität geht, desto mehr können wir sein, wer wir wirklich sind. Von dort können wir aus der Seinsgüte leben, die unser wahres Wesen ist.

Auf unseren eigenen Füßen stehen

Wie schon gesagt, ist ein Teil der Aufgabe des Lehrers, dem Schüler zu helfen seine individuellen Schwierigkeiten zu klären, einschließlich der besonderen Konditionierung und tiefen Glaubenssätze jedes Schülers. Auf dieser Ebene muss der Lehrer sehr individuell und spezifisch mit jedem Schüler arbeiten, denn einige Schüler werden zum Beispiel schnell wütend, während andere eher ängstlich oder verwirrt sind.

Manchmal, besonders in den ersten Jahren der Praxis, unterstützt der Lehrer den Schüler vielleicht aktiv und hilft ihm, die Disziplin zu entwickeln, die notwendig ist, damit sich seine Praxis vertieft. Später, wenn sich die Praxis weiterentwickelt, sagt der Lehrer vielleicht sehr wenig. Ab einem bestimmten Punkt wird der Schüler inspiriert, auf dem Weg zu bleiben, wenn er mit dem Lehrer spricht oder der Lehrer ihn mit Fragen prüft.

Angesichts der Aufgabe des Lehrers können wir seine Rolle leicht missverstehen. Ganz sicher ist es nicht die Rolle des Lehrers, dem Schüler ein Ersatzvater oder eine Ersatzmutter zu sein. Es ist auch nicht seine Aufgabe, der Therapeut des Schülers zu sein, auch wenn zur Praxis manchmal die Arbeit auf der psychologischen Ebene gehört. Das ist ein heikler Punkt. Wir können die Tatsache, dass wir psychologische Wesen sind, nicht ignorieren, das heißt, wir müssen lernen, uns mit unserer Wut, unseren Ängsten und unseren Schutzmechanismen auseinanderzusetzen. Aber bei dieser Arbeit geht es nicht darum, dass wir uns selbst besser verstehen, oder uns „verbessern", damit wir stabiler werden und uns besser fühlen. Das ist das Anliegen der traditionellen Psychologie, aber in der spirituellen Praxis lernen wir, mit uns selbst zu sein, so wie wir sind; mit dem Leben, so wie es ist, und uns von den engen, erstickenden und künstlichen Konzepten des „Ich" als eines getrennten Selbst zu befreien. Es ist die Aufgabe des Lehrers, den Schüler in die Richtung dieser Freiheit zu lenken. Alle Methoden des Lehrers sind im Grunde darauf ausgerichtet, es dem Schüler zu ermöglichen, seine illusionären Konzepte zu durchschauen, damit er zu seinem wahren Wesen erwacht.

Als Schüler müssen wir uns eingestehen, dass es viele Dinge gibt, die wir nicht wissen. In der Ich-Phase der Praxis geht es vor allem darum, dass wir uns selbst – unser „Ich" – tiefer kennenlernen. Selbst wenn wir über die Ich-Phase hinausgegangen sind, gibt es weiterhin viel zu lernen. Aber wenn wir in die Phase des Seinsbewusstseins eintreten, beginnt eine andere Form des Lernens. Wir lernen, über die gewohnten Filter unserer Wahrnehmung hinauszugehen – Filter, die ganz natürlich von uns abfallen, wenn wir Übungen wie die Meditation des Drei-Punkte-Gewahrseins praktizieren. Wir können uns mit einer tieferen Erfahrung des Lebens verbinden.

Wenn wir über die Grenzen des Vertrauten hinausgehen – Grenzen, die uns normalerweise dabei helfen, zu überleben und die Welt zu verstehen –, werden wir höchstwahrscheinlich Angst erfahren, besonders die Angst vor dem Unbekannten. An diesem Punkt ist die Rolle des Lehrers besonders wichtig. Es ist die Aufgabe des Lehrers, dem Schüler zu helfen in seiner Erfahrung zu verweilen, wenn der Schüler scheinbar den Boden unter den Füßen verliert – eine Erfahrung, die wahrscheinlich schwierig oder sogar furchterregend sein wird. Ein Lehrer, der selbst diesen Prozess durchlaufen hat, kann den Schüler dabei unterstützen, weiterzugehen, sich der Weite des Seinsbewusstseins nicht zu verschließen, selbst wenn uns diese Erfahrung Angst macht. In diesem Prozess entwickelt der Schüler ein tieferes Gefühl des Vertrauens in sich selbst und in die Praxis.

Auch in der Phase der Seinsgüte ist die Rolle des Lehrers sehr wichtig. Der Lehrer wird den Schüler in dieser Phase direkt mit Worten oder auch indirekt durch sein Beispiel unterstützen. Wenn der Lehrer nicht über den Schüler urteilt, egal, was der Schüler auch sagt, dann lernt der Schüler, dass es möglich ist, in einer Weise zu leben, wo wir nicht ständig uns selbst und andere beurteilen.

Wenn der Lehrer wirklich aus der Seinsgüte lehrt, werden die Schüler dazu inspiriert, in ihrer eigenen Praxis tiefer zu gehen. Was sie zuerst als gute Eigenschaften des Lehrers erkannt haben, wie zum Beispiel Klarheit und Mitgefühl, sehen sie nun als Erinnerung und Reflexion dessen, was auch in ihnen präsent ist. Sowohl durch die Worte als auch durch die Handlungen des Lehrers kann der Schüler nach und nach ein Grundvertrauen in sich selbst entwickeln – in die Seinsgüte, die sein eigenes wahres Wesen ist.

In gewisser Weise zielt alles, was ein Lehrer tut, darauf ab, dem Schüler zu helfen zu seinem wahren Wesen zu erwachen.

Dadurch kann der Schüler Unabhängigkeit entwickeln und auf seinen eigenen Füßen stehen und braucht schließlich nicht länger die ständige Anleitung durch seinen Lehrer. Es ist schade, dass einige Lehrer von ihren Schülern verlangen, dass sie von ihnen abhängig bleiben, denn ein Leben aus der Seinsgüte sollte nie von jemand anderem abhängig sein, auch nicht vom einem Lehrer. Das Leben aus der Seinsgüte hängt nur davon ab, dass wir zu dem erwachen, was wir wirklich sind.

Heißt das, dass wir an einem bestimmten Punkt keinen Lehrer mehr brauchen? Das ist nur teilweise der Fall. Teilweise, weil wir uns womöglich entscheiden auf eigenen Füßen zu stehen, bevor wir dazu bereit sind. Ich habe selbst herausragende Lehrer mit tiefer Klarheit gesehen, die in bestimmten Momenten nicht erkannten, dass Aspekte ihres eigenen Ich-Ballasts auftauchten. Sie konnten weiterhin gute Lehrer sein, aber weil der Prozess ständigen Lernens – besonders die Fähigkeit, ihre eigenen blinden Flecken zu sehen – dadurch behindert war, dass sie auf sich selbst gestellt waren, konnten sie niemals lernen, wirklich aus der Seinsgüte zu leben. Deshalb blieben sie zumindest teilweise in ihren Konditionierungen stecken.

Wir sollten uns darüber im Klaren sein, dass sich niemand anmaßen kann, keine Hilfe mehr zu brauchen. Die wirkungsvollsten Lehrer sind jene, die für ständiges Lernen offenbleiben und im Angesicht ihres eigenen Nichtwissens Demut zeigen. Es ist möglich, das wir auf unseren eigenen Füßen stehen, wenn wir vollkommen ehrlich mit uns sind und zudem verstehen, dass *alles* unser Lehrer sein kann, wenn wir wirklich aufmerksam sind.

12 Die Transformation der Wut

Viele Übende werden desillusioniert, wenn sie feststellen, wie schwer es ist, in einem erwachten Zustand zu verweilen. Selbst nach einer langen Meditation oder Yoga-Übung am Morgen, in der wir uns wach und präsent fühlen, merken wir oft im Laufe des Tages, dass wir seitdem Stunden in einem Zustand des wachen Schlafens verbracht haben. Deshalb stellt sich die Frage: Warum ist es so schwer, zu erwachen? Zum Teil liegt das daran, dass die Lebenskraft oder Energie, die für das Erwachen notwendig ist, ständig – vom Morgen bis zum Abend – verloren geht.

Die wichtigste Ursache für diesen Verlust von Lebensenergie, dieses „Leck" in unserer Lebenskraft, sind negative Emotionen, in denen wir unsere Energie in kleinen und manchmal großen Mengen verschwenden. Das Wort *negativ,* wie es hier verwendet wird, bedeutet nicht notwendigerweise „schlecht", sondern bezeichnet negierende oder ablehnende Gefühle. Diese Emotionen verneinen das Leben. Die Wut sagt zum Beispiel: „Das will ich nicht!" Damit sind nicht nur laute Wutausbrüche gemeint. Wir bringen Wut in kleineren Mengen den ganzen Tag über zum Ausdruck: als Gereiztheit, Urteile über uns selbst und andere, Ungeduld, passive Aggressionen usw.

Umgang mit Wut

Ein wichtiger Aspekt der Praxis ist zu lernen, wie wir diese Energielöcher schließen können. Deshalb müssen wir erkennen, wie wir mit unseren negativen Emotionen, besonders den vielen Formen der Wut, umgehen können. Dies mag eine hilfreiche Analogie sein, um diesen Prozess zu verstehen: Wir alle wissen, dass Nahrung unserem Körper Energie gibt. Aber es gibt noch eine andere Form der „Nahrung", die unser Wesen nährt, und das sind unsere Eindrücke und Erfahrungen. So wie die Nahrung, die wir zu uns nehmen, kann uns jede Erfahrung entweder nähren oder schwächen, je nachdem, wie bewusst wir sind und was unsere Absicht ist. Wenn wir negativ auf eine Erfahrung reagieren, ist das so, als hätten wir etwas Schlechtes gegessen. Die Nahrung wird nicht verdaut. In der Tat kann sie uns sogar vergiften. Wenn das geschieht, spucken wir die giftige Nahrung wieder aus und belasten die Welt mit unseren negativen Emotionen, wobei meist ein anderer Mensch der Leidtragende ist.

Anstatt die negativen Emotionen zum Ausdruck zu bringen, können wir körperliches Gewahrsein auf die tatsächliche Energie der emotionalen Reaktion richten. Normalerweise nähren wir unsere Reaktionen, weil wir den damit einhergehenden Gedanken glauben und sie rechtfertigen. Aber wenn wir mit diesem Muster aufhören, können wir unsere Aufmerksamkeit auf die direkte körperliche Erfahrung des Gefühls richten. Durch diese Aufmerksamkeit ist eine andere Form der „Verdauung" möglich. Wenn wir zum Beispiel den *Ausdruck* der Wut stoppen können, und stattdessen ihre tatsächliche Energie *erfahren,* kann diese Energie vielleicht sogar in Nahrung für unser Seinsbewusstsein verwandelt werden.

Ich meine damit nicht, dass keine Gefühle auftauchen sollten oder dass wir sie unterdrücken sollten. Die Praxis besteht hier vielmehr darin, die Wut *nicht zum Ausdruck zu bringen,* weder äußerlich durch Worte oder Taten, noch innerlich durch zwanghaftes Kreisen unserer Gedanken. Nur durch diesen Prozess, in dem wir lernen, unsere negativen Emotionen nicht auszudrücken, sondern ihre wirkliche Energie zu erfahren, verstehen wir, wie wir im Einklang mit unserem wahren Wesen, unserer natürlichen Seinsgüte, leben können.

Wenn wir unsere wütenden emotionalen Reaktionen klar erkennen könnten, würde es offensichtlich, in welchem Ausmaß sie uns Energie abziehen und dadurch unser Leben einengen. Wir würden erkennen, dass uns Wut auch von unserem Herzen und unserer grundlegenden Verbundenheit trennt. Wenn wir zum Beispiel Auto fahren und jemand vor uns plötzlich, ohne zu blinken, abbiegt, werden wir wütend und spüren möglicherweise den starken Impuls, demjenigen nachzurufen und zu gestikulieren. Wir fühlen uns im Recht mit unserer Wut. Aber was geschieht, wenn wir einfach in der direkten, körperlichen Erfahrung der Wut verweilen, ohne sie zum Ausdruck zu bringen?

Wenn wir in dieser Weise praktizieren, lernen wir mit der Zeit, uns tiefer mit unserer Erfahrung zu verbinden, und sind schließlich dazu in der Lage, die Situation so zu sehen, wie sie ist: dass uns einfach ein anderer Fahrer behindert hat – das ist alles. Wir können die Reaktionen auch als konditionierte Gedanken benennen, wie zum Beispiel: „Ich habe den Gedanken: ‚Er ist ein Trottel'", „Ich habe den Gedanken: ‚Sie sollte nicht Auto fahren dürfen'", „Ich habe den Gedanken: ‚Immer muss mir so was passieren'".

Wenn wir lernen, unsere Reaktionen klarer zu erkennen und die damit einhergehenden Gedanken zu benennen, werden wir mehr und mehr dazu fähig sein, die Wut als das zu erfahren, was sie ist – Hitze in deinem Gesicht oder Anspannung in deinen Muskeln oder im Bauch. Wir erkennen vielleicht auch, dass wir in Wirklichkeit einfach ängstlich sind. Aber das Wichtigste ist, dass wir unsere Gedanken und Gefühle nicht mehr als objektive Wahrheit sehen und das, was sie uns über eine Situation sagen, nicht einfach als Wirklichkeit annehmen.

Zusätzlich zum Erfahren unserer Gefühle und dem Benennen unserer Gedanken spüren wir ab einem bestimmten Punkt vielleicht sogar Mitgefühl – in diesem Beispiel für den Fahrer, der uns behindert hat – oder wir lachen zumindest darüber, dass wir uns über etwas so Banales aufregen konnten. Wenn wir die Wut nicht zum Ausdruck bringen, schließen wir nicht nur das Leck unserer Energie, sondern die Energie, die wir verloren hätten, können wir nun dazu verwenden, um uns wieder tief mit dem Leben zu verbinden. Und das ist das Entscheidende dabei.

Eine weitverbreitete Verwirrung in Bezug auf diesen Prozess ist das fehlende Verständnis davon, wie verschieden es ist, ob wir die Gefühle unterdrücken oder nicht zum Ausdruck bringen. Wenn wir die Wut unterdrücken, dann fühlen wir sie nicht. Das kann besonders für erfahrene Übende der Meditation zum Problem werden, die gelernt haben, ihre Wut zu unterdrücken, denn sie können ihre Unterdrückung leicht mit spiritueller Reife verwechseln. Aber unterdrückte Wut wird meist nur noch schlimmer; die giftige Energie der Wut kann sogar den Körper vergiften und unsere körperliche Gesundheit beeinträchtigen. Wenn wir stattdessen die Wut nicht zum Ausdruck bringen, ist das etwas ganz anderes als Unterdrückung. Wenn wir die Emotion oder die Wut nicht ausdrücken, können wir sie unmittelbar *fühlen* – vollkommen fühlen. Wir lassen sie einfach sein und müssen nichts dagegen tun.

Warum ist es also so schwer, den Ausdruck der Wut zu stoppen? Wir scheinen an dieser Gewohnheit mit einer Dickköpfigkeit festzuhalten, die jedem gesunden Menschenverstand widerspricht. Die einfache Antwort ist, dass wir wütend sein *wollen*. Wir wollen recht haben. Das mag nicht immer offensichtlich sein, aber die Gefühle der Lebendigkeit und Kraft, die mit der Erfahrung der Wut einhergehen können, sind oft berauschend. Aus einer evolutionären Perspektive ist das verständlich, weil solche groben instinktiven Reaktionen in unserer Entwicklung eine wichtige Aufgabe hatten – sie erlaubten es uns, körperliche Gefahren abzuwehren, um zu überleben. Obwohl wir nicht mehr mit den gleichen Gefahren konfrontiert sind, und deshalb auch nicht mehr die gleichen Reaktionen brauchen, haben sich unser Körper und unser Geist noch nicht darauf eingestellt. Deshalb bleibt dieses belebende „gute" Gefühl der Wut, obwohl es uns nicht länger hilft, insbesondere, wenn wir nach mehr Harmonie in unserem Leben suchen.

Es gibt einen weiteren wichtigen Grund, warum wir uns entscheiden wütend zu bleiben. Der Ausdruck negativer Emotionen kann den auf Angst beruhenden Schmerz überdecken, der oft unserer Wut zugrunde liegt. Wenn wir kritisiert werden, spüren wir oft das plötzliche Aufsteigen von Wut. Meistens sind wir dann sofort bei Schuldzuweisungen und Selbstrechtfertigungen: Das sind unsere automatischen Schutzmechanismen oder Verteidigungsstrategien, um den Schmerz der Ablehnung und Minderwertigkeit nicht zu spüren, die durch die Kritik ausgelöst werden.

Wenn wir aber stattdessen die Wut nicht zum Ausdruck bringen, können wir tiefer in unsere Erfahrung eintauchen und nicht nur die Energie der Wut spüren, sondern auch den darunterliegenden emotionalen Schmerz. Das ist oft ein stiller innerer Prozess, bei dem wir absichtsvoll in unserer eigenen Erfahrung verweilen und dadurch durch die Hüllen unseres schützenden Panzers aufbrechen können. Dadurch spüren wir den auf Angst basierenden Schmerz, den wir immer vermeiden wollten; und obwohl es mit Sicherheit nicht angenehm ist, unserem tiefsten emotionalen Schmerz und unserer tiefsten Angst zu begegnen, ist Transformation nur möglich, wenn wir diesen Ort aufdecken und darin verweilen können. Nur hier können wir uns wieder mit unserer grundlegenden Ganzheit verbinden.

Über die letzten 15 Jahre habe ich eine Praxis geübt, die mir unwahrscheinlich geholfen hat, mit meiner Wut umzugehen. Diese Praxis heißt „Negative Emotionen nicht ausdrücken". Ich übe diese Praxis einmal in der Woche einen ganzen Tag lang, vom Aufstehen bis zum Schlafengehen. Die Praxis besteht darin, sich bewusst anzustrengen den ganzen Tag über keine negativen Gefühle auszudrücken, sei es durch äußeres Verhalten oder inneres Nachdenken. Das bedeutet aber nicht, dass keine negativen Emotionen (wie zum Beispiel Wut) auftauchen werden, denn das wird sicherlich der Fall sein. Es bedeutet aber, dass wir, sobald wir diese Gefühle spüren, uns bewusst anstrengen uns nicht in den Gedanken zu verlieren, die diese Gefühle nähren.

Um es noch einmal zu wiederholen – und dieser Punkt ist entscheidend wichtig: Bei dieser Praxis geht es nicht um die Unterdrückung der Gefühle oder darum, unser Verhalten zu modifizieren, um ein besserer Mensch zu werden. Bei dieser Praxis geht es um Aufmerksamkeit. Weil wir an dem Tag, an dem wir uns entscheiden, diese Praxis zu üben, besonders aufmerksam sind, werden wir das Gefühl oft schon beim Entstehen bemerken. Zudem werden wir von unseren Reaktionen nicht überrascht werden. Und wenn Wut oder andere negative Emotionen aufsteigen, wird es zunehmend möglich, die Entscheidung zu treffen, uns davon abzuwenden. Diese Entscheidung können wir treffen, weil sich das Gefühl noch nicht verfestigt hat und auch noch keine Energie durch die konditionierten Gedanken gesammelt hat, die meist mit dem Gefühl einhergehen.

Diese Tagespraxis ermöglicht es uns im Grunde, dass wir die Identifikation mit dem „Ich" und „meinen Gefühlen" loslassen können. Und wenn das geschieht, öffnen wir uns der inneren Weite des Ich-als-Bewusstsein. In der Tat ist es ziemlich erstaunlich, wie einfach es sein kann, uns nicht mit unserer Wut zu beschäftigen; und ebenso erstaunlich ist es, wenn wir erkennen, wie sehr wir wütend sein *wollen*. Schließlich werden wir sehen, dass wir uns nicht mit diesem Verlangen beschäftigen müssen und dass unsere Wut fast immer eine freie Entscheidung ist. Sicher wird es Momente geben, wenn diese Wut sehr stark sein wird, und sie wird sich dann vielleicht nicht allein dadurch verflüchtigen, weil wir uns entscheiden, uns nicht damit zu beschäftigen. Aber wenn wir uns anstrengen und dafür sorgen, dass unsere Gefühle keinen Halt finden und uns auf die körperliche Energie der Emotion konzentrieren, wird die Wut sich oft schnell auflösen.

Selbst wenn sich die Wut nicht auflöst, wird es uns wahrscheinlich möglich sein, die Wurzel der Wut klarer zu sehen. Normalerweise sind wir so in der Explosion der Wut gefangen, dass wir die Angst, die der Wut zugrunde liegt, kaum bemerken. In dem

Beispiel der Behinderung beim Autofahren können wir, wenn wir die Wut nicht ausdrücken oder nähren, wahrscheinlich erkennen, dass die Situation zunächst Angst ausgelöst hat. Und wir sehen, wie wir als Schutz sofort zur Wut übergingen, vermutlich ohne uns der Angst überhaupt bewusst zu sein.

Es ist sehr wichtig, dass wir den ganzen Tag über mit der Praxis „Negative Emotionen nicht ausdrücken" fortfahren, besonders nach den unvermeidlichen Momenten, wenn uns die Wut überrascht. Wenn das geschieht, dann besteht unsere Praxis darin, tief in unser Herz zu atmen und uns selbst in Seinsgüte zu begegnen, anstatt uns als schlechte Übende zu verurteilen und aufzugeben. Dieser Aspekt der Leichtigkeit ist entscheidend wichtig, damit die Tagespraxis nicht zu einem neuen verbissenen Projekt wird, mit dem wir uns verbessern wollen.

Wenn wir zu unserer ursprünglichen Absicht zurückkehren und uns daran erinnern, dass der Sinn der Praxis darin besteht, Gewahrsein zu entwickeln, machen wir vielleicht die wunderbare Entdeckung, dass wir unsere Wut nicht jedes Mal, wenn sie auftaucht, ausdrücken müssen. Und wir müssen sie auch nicht rechtfertigen, indem wir unsere konditionierten Gedanken verteidigen. Stattdessen können wir lernen, dass es möglich ist, mehr und mehr aus der inneren Weite des Seinsbewusstseins und dem Herzen der Seinsgüte zu leben, und nicht aus der dunklen und engen Identifikation mit dem „Ich" – und zudem einem wütenden Ich.

Bis wir lernen die Wut zu erfahren, anstatt sie auszudrücken, werden wir uns weiterhin wundern, warum uns die Lebenskraft, die wir so dringend zum Erwachen brauchen, entzogen wird. Diese Erkenntnis ist aber kein Prozess, der sich im konzeptuellen Verstehen abspielt; wir können noch so viel nachdenken und werden trotzdem nicht verstehen, was hier wirkt. Die einzige Möglichkeit, die Wahrheit dieses transformativen Prozesses wirklich zu prüfen, ist, damit aufzuhören, unsere Wut auszudrücken und zu rechtfertigen. Das ist entscheidend wichtig, wenn wir erwachen wollen.

Wut als Entschlossenheit

Manchmal taucht die Wut so schnell auf, dass sie uns beherrscht, bevor wir wissen, was eigentlich geschieht. Als Gegenmittel können wir die drei grundlegenden Praxisfragen stellen. Sobald wir erkannt haben, dass wir wütend sind, fragen wir als Erstes: „Kann ich das als meinen Weg annehmen?" Um alle Vorstellungen und Erwartungen, aus denen die Wut entsteht, zu erkennen, fragen wir als Nächstes: „Welchen konditionierten Gedanken glaube ich am meisten?" Und als Letztes fragen wir: „Was ist das?" – Wir fühlen die Wut und lassen sie sein.

Aber manchmal fühlt sich die Wut so stark an, dass selbst die Praxisfragen uns nicht helfen. Manchmal sind die Gedanken so gnadenlos, insbesondere die Schuldzuweisungen, dass wir ein stärkeres Gegenmittel brauchen. Eine Praxis, die sich für mich als hilfreich erwiesen hat, wenn Schuldzuweisungen und Selbstrechtfertigungen zwanghaft werden, ist der Satz: „Geh da nicht hin!" Immer wenn die vorhersehbaren Gedanken wiederkehren, wiederhole ich diesen Satz, bis der zwanghafte Kreislauf seine Kraft verliert.

Als ich einmal mit einem sehr starken Wutanfall zu kämpfen hatte, kam Elizabeth in die Küche, wo ich gerade kochte, und fragte mich, mit wem ich sprechen würde. Es stellte sich heraus, dass ich „Geh da nicht hin!" laut vor mich hergesagt hatte! Wir konnten beide darüber lachen, obwohl es in der Regel nicht lustig ist, wenn wir von Wut beherrscht werden. Um diese Praxis inmitten der Wut zu üben, brauchen wir in der Tat eine entschlossene Willensanstrengung, die in der festen Absicht gegründet ist, sich nicht in Gedanken der Wut verlieren zu wollen. Aber wenn der zwanghafte Kreislauf mit der Zeit schwächer wird, können wir immer leichter zu den drei grundlegenden Praxisfragen zurückkehren.

Durch sorgfältige Praxis kann aus der Wut sogar ein hilfreiches Geschenk werden. Wenn wir mit der Energie der Wut umgehen können, kann sie in Entschlossenheit verwandelt werden und kann uns dabei helfen, in Situationen, die eine Reaktion von uns verlangen, angemessen zu handeln. Leider ist es meist so, dass wir unsere Handlungen mit Wut rechtfertigen, bevor wir uns wirklich innerlich mit der Situation auseinandergesetzt haben. Dabei besteht die Gefahr, dass wir aus der negativen Energie der Wut handeln. Aber aus Sicht der spirituellen Praxis gibt es keine Rechtfertigung, um die vergiftende Negativität der Wut an jemand anderem auszulassen, egal, wie sehr wir uns damit im Recht fühlen.

Jedes Mal, wenn wir aus Wut handeln, wird das Leben zu unserem Feind, mit allem, was Teil des Lebens ist – sei es ein anderer Mensch, eine Gruppe oder gar ein anderes Land. In dieser Haltung sind wir so tief in der Enge des Ich-als-ein-Ich gefangen, dass wir jeden Kontakt mit unserer grundlegenden Verbundenheit verloren haben. Wenn aber diese enge Empfindung des Ich im weiteren Gefäß des Gewahrseins aufgehoben ist, können wir dem schmerzhaften und verführerischen Weg der Selbstgerechtigkeit widerstehen. Im Gewahrsein ist es möglich, die Energie der Wut zu spüren, ohne sich in der Geschichte der dazugehörigen Gedanken zu verlieren.

Wenn die Energie der Wut sich in eine Empfindung der Entschlossenheit und die Verbindung mit einem Sinn wandelt, ohne die üblicherweise negative Überlagerung der Wut, können wir dem Leben mit Klarheit und einem offenen Herzen begegnen. Da gibt es keine Feinde mehr, sondern nur noch den Wunsch, aus dem zu leben, was wir in uns als wirklich erkannt haben. Es gibt eine Geschichte über Gandhi, der gerade zu einem großen friedvollen Marsch aufbrechen wollte, um gegen das britische Gesetz zu protestieren, das die Salzgewinnung aus dem Meer regelte. Tausende warteten darauf, mit dem Marsch zu beginnen, aber als Gandhi erkannte, wie viel Wut noch in seinem Herzen war, nahm er sich Zeit zu meditieren und sich mit seiner Wut zu konfrontieren. Er war bereit, seine Anhänger warten zu lassen und mit all den praktischen Folgen des Wartens klarzukommen, anstatt übereilt aus Wut zu handeln. Einige Tage später kam er wieder und war bereit, den Marsch zu beginnen – er war nicht länger auf die Briten als Feinde fokussiert, sondern von einem Gefühl des Friedens und der Klarheit und der Verbindung mit einem Sinn erfüllt.

Ich möchte damit nicht sagen, dass es einfach sei, die Wut zu transformieren. Meine eigene Erfahrung hat mir gezeigt, wie schwer es sein kann. Als ich mich meiner ersten spirituellen Gruppe anschloss, nannten sie mich den Prinzen der negativen Emotionen. Meine eigenen Kinder nannten mich, als sie klein waren, die dunkle Wolke und das bezog sich auf die Momente, wenn meine Wut unser ganzes Haus erfüllte. Oft wusste ich nicht einmal, wie wütend ich war, bis es mir jemand sagte. Deshalb müssen wir die Wut zunächst erkennen, um mit ihr praktizieren zu können. Als ich die vielen Gesichter meiner Wut immer besser kennenlernte, wurde mir nach und nach klar, wie viel Schmerz ich für mich selbst und andere verursachte. Obwohl ich das wusste und mich kontinuierlich mit meiner Wut auseinandersetzte, sah ich, wie ich trotz allem, was ich wusste, manchmal vollkommen davon beherrscht wurde. Aber wenn die Gefahr bestand, dass ich entmutigt wurde, lernte ich nach und nach meinen allzumenschlichen Reaktionen mit Seinsgüte zu begegnen, und ich habe nie aufgegeben.

Heute, viele Jahre später, taucht Wut nicht mehr oft auf, und wenn, dann bleibt sie meist nicht lange. Aber es gibt immer wieder Momente, in denen ich sehe, wie die Wut mich zu beherrschen versucht, besonders wenn ich die bekannte verführerische Lebendigkeit spüre, in der ich die Wut auskosten will. Dann hilft es mir, wenn ich mir einen Satz ins Bewusstsein rufe, der mich an meine Absicht, aus dem Herzen zu leben, erinnert. Wenn ich auf das Aufsteigen von Wut aufmerksam werde, stelle ich folgende Frage: „Was würde es in diesem Augenblick bedeuten, aus der Seinsgüte zu leben?" Wenn ich darüber nachdenke, bevor ich spreche oder handle, gelingt es mir fast immer, mich von der schmerzvollen und trennenden Negativität der Wut abzuwenden.

Eines Abends hatten Elizabeth und ich zum Beispiel kurz vorm Schlafengehen eine Meinungsverschiedenheit. Ich lag auf dem Rücken und ertappte mich dabei, dass ich recht haben wollte, einschließlich des engstirnigen Wunsches, sie dadurch zu strafen, dass ich mich nicht umdrehte und an sie schmiegte, wie wir es oft beim Einschlafen tun. Aber als ich mich daran erinnerte, mich zu fragen „Was würde es in diesem Augenblick bedeuten, aus der Seinsgüte zu leben?“ drehte ich mich sofort auf die Seite, um ihre Nähe zu spüren und sofort war all die Wut verschwunden. In diesem Fall brauchte es nur diese Frage. Unsere Wut verschwindet vielleicht nicht immer so schnell, wie in dieser Situation, aber diese Frage zeigte mir, was wirklich wichtig ist.

Diese Frage zu stellen und darüber nachzudenken bedeutet nicht, dass wir einem Ideal nachstreben, sondern wir vergegenwärtigen uns vielmehr unsere Absicht, authentisch aus dem Herzen zu leben. Wenn unsere Worte und Taten nicht aus der Seinsgüte kommen, warum sollten wir sie dann zum Ausdruck bringen? In der dritten Phase der Praxis, in der wir wirklich lernen aus der Seinsgüte zu leben, wird diese Absicht der Kontext, der uns leitet. Dann kann selbst unsere Wut zu einem Weg werden, um aus dem Herzen zu leben.

Schuldzuweisung und Vergebung

Wenn wir glauben, dass uns jemand verletzt hat, reagieren wir oft mit Urteilen und Beschuldigungen. Selten sind wir uns bewusst, dass unsere Schuldzuweisungen vor allem ein Versuch sind, unseren eigenen emotionalen Schmerz zu bedecken, einschließlich des Schmerzes uns selbst als minderwertig oder in anderer Weise als nicht gut genug zu sehen. Wir werden also wütend und nachtragend und konzentrieren uns auf die Fehler derjenigen, die uns verletzt haben.

Aber in unseren Schuldzuweisungen spielt sich noch eine andere subtile Dynamik ab. Wenn wir uns von anderen beleidigt fühlen, dann denken wir, dass die Beleidigung oder unsere

Verletzung das Ergebnis dessen ist, was derjenige getan oder nicht getan hat. Somit benutzen wir also *sein* Verhalten, um *unsere* Wut zu rechtfertigen. Wenn wir das tun, sehen wir den entscheidenden Punkt nicht: Wenn wir in Schuldzuweisungen und Rechtfertigungen gefangen sind – in unserer Wut und unserem Zorn –, dann sind wir von unserem eigenen Weg abgekommen. Wir haben uns vom Herzen abgeschnitten, von der Liebe und Verbundenheit, die unser wahres Wesen sind.

Obwohl es in manchen Situationen angebracht sein kann, objektive Schritte zu unternehmen, um möglicherweise verletzende Handlungen zu verhindern, ereignet sich der wirkliche Transformationsprozess im Innern. Wir müssen erkennen, dass es unsere eigene Dunkelheit war, die uns vom Weg abgebracht hat, nicht die Dunkelheit des anderen. Obwohl der andere etwas Ungeschicktes oder Unfreundliches gesagt oder getan haben mag, rechtfertigt das niemals unsere Unfreundlichkeit als Antwort.

Obwohl etwas in uns das genau weiß, vergeht oft nur eine Nanosekunde, und wir wechseln von diesem inneren Verstehen zum mentalen Bereich der Urteile und Schuldzuweisungen. Das ist traurig, denn durch unsere eigene Unfreundlichkeit gegenüber dem anderen Menschen, die sich in Urteilen und Schuldzuweisungen zeigt, entscheiden wir uns, aus einem geschlossenen Herzen zu leben. Und damit entscheiden wir uns, ein Leben als Opfer zu führen, indem wir darauf bestehen, dass wir recht haben und indem wir uns rechtfertigen, um den anderen beleidigen zu können.

Deshalb stellt sich weiterhin die Frage: Warum tun wir das? Teilweise ist der Grund dafür, dass wir aus zwei gleichermaßen falschen Vorstellungen von uns selbst leben: einerseits der negative Glaube, dass wir im Grunde nichtig und minderwertig sind, andererseits die gegenteilige positive Vorstellung von uns selbst als freundlich und überlegen, die wir entwickeln, um von der negativen Vorstellung abzulenken. Keine dieser Vorstellungen entspricht der Wahrheit; sie sind lediglich zwei Seiten der gleichen Illusion. Solange wir aus diesen Vorstellungen über uns selbst leben, die beide in unserem Minderwertigkeitssyndrom verwurzelt sind, solange wir weiter anderen die Schuld geben, sei es aus Angst oder um uns selbst zu erhöhen, stärken wir die Ego-Identität des Ich-als-ein-Ich. Und dadurch trennen wir uns weiter von uns selbst und von unserer ursprünglichen Seinsgüte.

Wenn wir von jemandem unfreundlich behandelt werden, hat das wenig mit uns zu tun. Es ist schließlich *sein* Handeln, das aus *seinem* Leiden kommt. Die Auseinandersetzung mit der Wut in unserer Praxis erlaubt es uns schließlich, das zu erkennen. Obwohl wir vielleicht immer noch versuchen, die Handlungen anderer dazu zu verwenden, um unsere eigenen Reaktionen zu rechtfertigen, sollten wir uns bewusst sein, dass wir eine andere Wahl haben: Wir können stattdessen mit den Schuldzuweisungen aufhören. Wenn wir das können und wirklich mit den Schuldzuweisungen aufhören – und dazu müssen wir bereit sein, unsere eigene Wut, unseren Schmerz und unsere Angst zu spüren –, öffnen wir uns einer neuen Beziehung mit anderen Menschen. Wir sehen sie in ihrer allzumenschlichen Form, einfach als einen anderen Menschen, der emotionalen Schmerz empfindet. Vielleicht verstehen wir sogar, dass sie uns nicht verletzen wollten, sondern einfach aus ihrer eigenen, durch emotionalen Schmerz verursachten Verschlossenheit des Herzens gehandelt haben.

Stell dir zum Beispiel vor, du würdest durch Worte oder Taten eines anderen Menschen verletzt. Darauf wird das Ego sofort mit Wut und Selbstgerechtigkeit reagieren. Die üblichen Verteidigungsstrategien, wie Selbstrechtfertigungen und Schuldzuweisungen, werden einerseits aus der Angst entstehen, dass wir ungerecht behandelt werden könnten, und andererseits aus dem Versuch, Stärke zu zeigen. Niemand möchte Verletzung oder Schmerz spüren, somit verwenden wir diesen Schutzschild der Wut, um uns selbst zu schützen. Vielleicht fallen wir in eine selbstgerechte Haltung zurück und begründen unsere Reaktion und wollen recht behalten. Vielleicht erhöhen wir uns auch, indem wir den anderen schlecht machen, was eines der sichersten Zeichen ist, dass wir aus dem kleinen Geist der Unsicherheit handeln. Aber wenn wir das tun, ignorieren wir das, was wir vielleicht dazu beigetragen haben, diese verletzenden Worte oder Handlungen auszulösen. Wir sollten uns daran erinnern, dass niemand völlig schuldlos ist, wenn derartige Konflikte zwischen Erwachsenen entstehen; jeder von uns tut manchmal Dinge, die andere verletzen können. Vielleicht wissen wir, dass wir die Unfreundlichkeit ignorieren, mit der wir einem anderen Menschen begegnen, und versuchen, alles dem anderen zuzuschieben und als seinen Fehler zu sehen, um unsere Wut zu rechtfertigen. Aber wenn wir tiefer nach innen schauen, sehen wir, dass wir unsere Wut zumindest teilweise dazu verwenden, um unsere Gewissensbisse bezüglich unserer eigenen Unsensibilität gegenüber dem anderen zu vermeiden.

Aber selbst wenn wir dem anderen *nichts* getan haben, können wir trotzdem in einer Haltung selbstgerechter Schuldzuweisung gefangen sein. In dieser Haltung schneiden wir uns selbst von einem Leben aus unserem wahren Wesen ab. Aber wenn wir ohne Verteidigungsstrategien in unserer direkten körperlichen Erfahrung verweilen können, sehen wir vielleicht wirklich unsere eigene Unfreundlichkeit. Und wir sehen die Unfreundlichkeit des anderen als das, was sie ist: die ungeschickte Handlung eines leidenden Menschen.

Sich in dieser Weise mit der Wut und anderen negativen Emotionen auseinanderzusetzen ist nicht leicht; wir möchten einfach nicht mit den Schuldzuweisungen aufhören, denn das legt unseren eigenen emotionalen Schmerz offen. Aber wenn wir unseren eigenen emotionalen Schmerz erfahren können, ohne anderen dafür die Schuld zu geben, können wir sehen, dass wir alle mit den gleichen Schwierigkeiten zu tun haben. Wenn wir also nicht nur unseren eigenen Schmerz, sondern auch den Schmerz eines anderen Menschen spüren, ist spontanes Mitgefühl für uns selbst *und* den anderen Menschen die natürliche Folge. Und in dieser Haltung muss man niemandem vergeben, weil das Gefühl des Getrenntseins, in dem „Ich" „Dir" vergebe, überwunden ist. Stattdessen spüren wir die tiefe Verbundenheit mit einem anderen Menschen, die möglich wird, wenn wir den anderen mit wirklicher Klarheit sehen. Wir sind dann nicht länger durch unsere emotionale Bedürftigkeit und unsere vorschnellen Reaktionen geblendet.

Wenn wir mit den Verurteilungen und Schuldzuweisungen aufhören, können wir unsere Unfreundlichkeit gegenüber anderen verringern (unabhängig von ihrer Unfreundlichkeit uns gegenüber) und können uns in unserer eigenen Erfahrung wieder mit dem Herzen verbinden. Wenn wir unsere Schuldzuweisungen wirklich hinter uns lassen und *sehen,* dass wir nicht von anderen, sondern von uns selbst verletzt wurden, und gleichzeitig erkennen, dass sie nicht uns verletzen, sondern sich selbst, spüren wir ohne Anstrengung wahres Mitgefühl und echte Vergebung. Und wenn unsere Gelassenheit nicht mehr davon abhängig ist, wie andere uns behandeln, sind wir innerlich frei, aus der Seinsgüte zu leben, die unser wahres Wesen ist.

13 Wovor wir uns am meisten fürchten

Wenn uns etwas aufregt, denken wir oft, dass etwas nicht in Ordnung ist. Das beste Beispiel dafür sind wahrscheinlich die Momente, in denen wir Angst erfahren. In der Tat verbrauchen wir als Menschen einen großen Teil unserer Energie durch unseren Umgang mit Angst und Furcht. Die Angst motiviert unser Handeln und unsere Reaktionen, selbst wie wir uns kleiden oder wie wir reden. Aber die Angst macht unser Leben eng und dunkel. Angst ist die Wurzel aller Konflikte und oft der Grund unserer Probleme. Angst verhindert Intimität und Liebe, und mehr als alles andere trennt sie uns von der Seinsgüte, die unser wahres Wesen ist.

Obwohl wir wissen, wie allgegenwärtig die Angst in unserem Leben ist, so ist sie doch einer der düstersten Bereiche, mit dem wir uns in unserer Praxis und in unserem Leben auseinandersetzen müssen. Das hört sich jetzt vielleicht etwas simpel an, aber was ist an der Angst so schlimm? Obwohl es uns vielleicht schwerfällt, es zuzugeben, besonders wenn wir uns selbst als spirituelle Menschen sehen, ist der wichtigste Grund, warum wir eine Aversion gegenüber der Angst haben, derjenige, dass Angst körperlich und emotional unangenehm ist. Woody Allen hat das gut auf den Punkt gebracht, als er sagte: „Ich möchte mich nicht fürchten – das macht mir Angst." Wir möchten einfach diese unangenehmen Gefühle nicht spüren, und tun fast alles, um sie zu vermeiden. Aber immer, wenn wir uns der Angst beugen, stärken wir sie und dadurch wird unser Leben kleiner, begrenzter, enger. Jedes Mal, wenn wir der Angst glauben, hören wir in gewisser Weise auf wirklich zu leben.

Es bleibt die Frage: Wovor haben wir Angst? Denk für ein oder zwei Minuten darüber nach, wovor du am meisten Angst hast. Erinnere dich an deine Antworten, während du diese Seiten liest, so dass das Lesen mehr aus der Erfahrung als aus dem Intellekt kommt.

Oft sind wir uns nicht bewusst, welche Rolle die Angst in unserem Leben spielt. Das bedeutet, die erste Stufe des Umgangs mit der Angst in unserer Praxis besteht darin, ihre Anwesenheit anzuerkennen. Das kann schwer sein, weil viele unserer Ängste nicht sofort offensichtlich sind, wie zum Beispiel die Angst, die unseren Ehrgeiz antreibt; die Angst, die unserer Depression zugrunde liegt; und vielleicht am wichtigsten die Angst hinter unserer Wut. Aber tatsächlich erkennen wir, wenn wir hinter die oberflächlichen emotionalen Reaktionen blicken, dass fast jede negative emotionale Emotion, jedes Drama, auf eine der drei grundlegenden Ängste zurückzuführen ist: die Angst vor dem Verlust von Sicherheit und Kontrolle, die Angst vor Einsamkeit und Getrenntheit und die Angst vor Minderwertigkeit.

Sicherheit und Kontrollverlust

Die erste grundlegende Angst bezieht sich auf den Verlust von Sicherheit. Weil Sicherheit für unser Überleben so wichtig ist, wird diese Angst beim ersten Anzeichen von Gefahr oder Unsicherheit instinktiv auftauchen; das ist die Aufgabe des alten Gehirns oder limbischen Systems. Diese Angst wird auch ausgelöst, wenn wir Schmerz oder unangenehme Situationen erfahren. Auch wenn diese Angst ausgelöst wird, besteht doch in den meisten Fällen keine Gefahr für uns; tatsächlich sind unsere Ängste zum größten Teil Illusionen – dass das Flugzeug abstürzt, dass wir kritisiert werden, dass wir etwas falsch machen ... Aber bis wir diese Dimension der Angst klar erkennen, leben wir weiter mit einem schrecklichen Gefühl der Enge.

Wenn wir unsere Unsicherheiten kennen, besteht ein wichtiger Aspekt des spirituellen Lebens darin, zu erkennen, dass die Praxis nicht dazu da ist, zu gewährleisten, dass wir uns sicher fühlen und angenehme Erfahrungen machen. Das heißt nicht, dass dies während der Praxis nicht der Fall sein kann. Stattdessen können wir davon ausgehen, dass wir manchmal unangenehme Erfahrungen machen und uns unsicher fühlen, besonders wenn wir unsere dunkleren Emotionen und nicht geheilten Schmerzen entdecken und uns damit auseinandersetzen. Aber während des spirituellen Lebens entwickelt sich auch eine tiefe Sicherheit, die nicht von den angenehmen Erfahrungen, nach denen wir normalerweise suchen, abhängig ist. Diese grundlegende Sicherheit entwickelt sich stattdessen aus der Bereitschaft, unsere Ängste zu erfahren und darin zu verweilen. Das bedeutet, dass wir in die körperliche Erfahrung der Angst eintreten – das Herzrasen, die Enge in der Brust und im Bauch, die angespannten Gesichtsmuskeln, die durch den Körper schießenden Hormone usw. Ist es nicht ironisch, dass der Weg zu wirklicher Sicherheit im Verweilen in der Angst vor Unsicherheit liegt?

Unsicherheit kann auch in der Angst vor Hilflosigkeit zum Ausdruck kommen, die sich oft in der Angst vor Kontrollverlust, der Angst, kontrolliert zu werden, der Angst vor dem Chaos oder gar der Angst vor dem Unbekannten zeigt. Wir haben zum Beispiel alle Wutausbrüche erlebt, was sich so anfühlt, als würden wir in eine plötzliche Explosion hineingezogen. Denk an die Tage, wo dir nichts gelingt, oder denk auch nur an den Moment, als die Fernbedienung des Fernsehers nicht funktionierte. Egal, welche

Knöpfe du auch drücktest, sie funktionierte einfach nicht so, wie du es wolltest. Der Impuls, die Fernbedienung an die Wand zu werfen, mag sich wie ein Wutausbruch anfühlen, aber wenn wir unsere Aufmerksamkeit auf diese Erfahrung richten, können wir entdecken, dass das Gefühl der Wut oft nur eine Explosion ist, die die stillere Implosion überdeckt, in der wir uns machtlos fühlen. Ein Wutanfall gibt uns vielleicht das Gefühl der Macht und Kontrolle, aber wenn wir unsere Aufmerksamkeit auf diese Erfahrung richten, können wir erkennen, wie wir damit dem Gefühl der Machtlosigkeit ausweichen, das sich so viel schlechter anfühlt.

Wir fürchten die Hilflosigkeit des Kontrollverlusts; aber wirkliche Freiheit liegt in der Erkenntnis, wie vergeblich es ist, vom Leben zu verlangen, dass wir es kontrollieren können. Wir müssen stattdessen die Bereitschaft entwickeln, die Erfahrung der Hilflosigkeit zu fühlen – also zu bejahen. Das ist eines der verborgenen Geschenke einer schweren Krankheit oder eines Verlustes. Sie bringen uns direkt an unsere Grenze, wo wir vielleicht das Glück haben, zu erkennen, dass unser einziger Ausweg darin besteht, uns unserer Erfahrung hinzugeben und sie sein zu lassen, was sie ist.

Während einer dreijährigen Periode in den frühen 1990er Jahren, als ich schwer krank war und sich kein Anzeichen auf Besserung zeigte, sah ich, wie mein Leben, so wie ich es kannte, auseinanderfiel. Ich verlor nicht nur die Fähigkeit, zu arbeiten oder mich körperlicher Aktivitäten zu widmen, sondern erfuhr auch den Zusammenbruch meiner grundlegenden Identität. Es war zunächst verwirrend und furchteinflößend, mich nicht mehr als Zen-Übender, als Zimmermann und Bauunternehmer (meine Arbeit), als Ehemann und als Vater zu sehen. All diese Stützen waren verschwunden. Natürlich versuchten sich diese Identitäten wieder zu stabilisieren, als es mir wieder besser ging, aber wie bei Humpty Dumpty war der schützende Kokon des „Ich" nie mehr derselbe. Wenn wir lernen, die Angst in die Mitte unseres Brustkorbs zu atmen, fühlt sich unser Herz immer weiter an. Ich spreche vom Herzen nicht als Muskel in deiner Brust, sondern vielmehr vom Herzen als deinem wahren Wesen. Dieses Herz ist weiter, als es sich der Geist je vorstellen kann.

Einsamkeit und Getrenntheit

Die zweite grundlegende Angst ist die Angst vor Einsamkeit und Getrenntheit, die auch als Angst vor Trennung, Verlust und Tod zum Ausdruck kommen kann. Auf einer fundamentalen und sehr tiefen Ebene fühlen wir uns alle im Grunde allein; und bis wir uns damit direkt auseinandersetzen, werden wir davor Angst haben.

Es ist interessant, dass wir eine der wichtigsten Lehren des Lebens nicht in der Schule lernen: Die Fähigkeit, in uns selbst zu Hause zu sein. Als ich begann, an Meditationsretreats teilzunehmen, wo für viele Tage geschwiegen wurde und es keine sozialen Kontakte gab, saß ich stundenlang vor der Wand und spürte ständig diese ängstliche Anspannung in mir. Manchmal war es so stark, dass ich buchstäblich aus meiner Haut springen wollte. Aber einfach nur dort zu sitzen, ohne etwas zu tun, brachte mich Angesicht in Angesicht mit mir selbst und meiner Angst vor der Einsamkeit.

Die meisten Menschen tun fast alles, um diese Angst zu vermeiden. Viele suchen eine Beziehung oder Liebesaffären. In der Tat ist das Ausmaß, in dem jemand nach Affären sucht, meist in Übereinstimmung mit der Dringlichkeit, mit der er oder sie das Gefühl der Einsamkeit vermeiden möchte. Letztendlich ist aber die einzige Möglichkeit, um die Einsamkeit zu transzendieren, die Bereitschaft, sie einfach sein zu lassen, was sie ist, und wirklich darin zu verweilen. Das ist auch die einzige Möglichkeit, um wirkliche Nähe mit jemandem zu erfahren, denn echte Nähe kann nicht auf einem Mangel oder der Angst vor Einsamkeit beruhen. Wenn wir den anderen Menschen brauchen, können wir ihn nicht wirklich lieben, weil wir ihn durch den Filter des kleinen Ich sehen und unsere Beziehung dann von diesem Filter des Mangels bestimmt wird.

Trotzdem möchten wir, dass andere Menschen uns diese Ängste nehmen – wir erwarten das von ihnen. Wir denken, wenn wir mit jemandem zusammen sind, der uns seine Aufmerksamkeit schenkt, dann wird unsere Einsamkeit verschwinden. Aber wenn diese tief verwurzelte Angst Teil unserer Konditionierung ist, wird die simple Tatsache, dass unser Partner in einem Buch vertieft ist, ausreichend sein, um uns das Gefühl zu geben, wir würden vernachlässigt. Wir versuchen vielleicht, darauf zu reagieren, indem wir die Aufmerksamkeit auf uns zu ziehen versuchen oder sie vom anderen fordern, aber selbst, wenn der andere dieser Forderung entspricht, wird unsere Angst sich wahrscheinlich nur kurz beruhigen.

Zudem ist nicht gesagt, dass wir wirkliche Nähe erfahren, wenn wir die gewünschte Aufmerksamkeit bekommen. Wirkliche Nähe entsteht, wenn wir bereit sind, die unangenehmen Gefühle der Angst und Furcht anzuerkennen, die Teil unserer eigenen Konditionierung sind. Sie entsteht, wenn wir sie bejahen können, wenn wir die schmerzhafte Sehnsucht der Einsamkeit in die Mitte unseres Brustkorbs atmen und sie einfach dort sein lassen, egal, wie unangenehm es sich anfühlen mag. Wenn wir gelernt haben, wirklich in unserer Angst vor Einsamkeit zu verweilen, werden wir nicht mehr erwarten, dass diejenigen, mit denen wir Nähe teilen, die Verantwortung für das Verschwinden unserer Angst übernehmen oder dafür, dass wir uns gut fühlen. Stattdessen werden wir die Wirklichkeit erkennen und werden Liebe spüren.

Die grundlegende Angst vor Einsamkeit beinhaltet vielleicht auch eine damit verbundene Angst, die oft nicht erkannt wird: die Angst vor Getrenntheit – sowohl von anderen als auch von unserem eigenen Herzen. Diese Angst reicht tiefer als die Einsamkeit und zeigt sich oft als ein Knoten von Anspannung in der Brust oder im Bauch. Erinnere dich daran, dass letztendlich das Herz, das erwachen und aufrichtig leben will, wirklicher ist, als alles andere. Es ist der namenlose Impuls, der uns ruft, der zu sein, der wir wirklich sind. Wenn wir damit nicht in Verbindung sind, spüren wir die existentielle Angst der Getrenntheit.

In gewisser Weise ist ein großer Teil der spirituellen Praxis so gestaltet, dass wir mit diesem Gefühl grundlegender Getrenntheit umzugehen lernen. Wie ist das möglich? Zuerst erkennen wir unsere Angst und sehen sie als das, was sie wirklich ist. Wir müssen uns daran erinnern, dass die Angst in der Tat unser Weg ist, der direkte Weg, um die Seinsgüte im Kern unseres Wesens zu erfahren.

Dann müssen wir uns der Angst direkt stellen und sie bejahen. Im Grunde bedeutet das, dass wir bereit sind, sie zu erfahren, anstatt vor ihr wegzulaufen. Um unsere Angst mit ehrlicher Neugier zu ersetzen, können wir, wenn sie aufsteigt, vielleicht fragen: „Wie wird es dieses Mal sein?“ Wenn wir die Angst wirklich fühlen und die körperlichen Empfindungen der Angst in unseren Brustkorb atmen, können wir die bekannten Gedanken, die normalerweise unsere Angst nähren, loslassen und die Heilkraft des Herzens erfahren. Das ist eine Erfahrung jenseits unserer Konzepte – sie kommt nicht von Worten oder Erklärungen, sondern aus der Weite eines größeren Gewahrseins. Wenn die Angst, als ein getrenntes Wesen zu leben, verschwindet, treten wir natürlich in die Verbundenheit und Seinsgüte ein, die uns immer zugänglich sind und die die wahre Frucht des spirituellen Lebens sind.

Minderwertigkeit

Die dritte grundlegende Angst ist die Angst vor Minderwertigkeit. Diese Angst hat viele Formen, wie zum Beispiel die Angst, dass ich nicht zähle, die Angst vor Mangelhaftigkeit, die Angst, nicht liebenswert zu sein, die Angst, nichts wert zu sein oder dumm zu sein usw. Die grundlegende Angst davor, nie gut genug zu sein, bestimmt zum großen Teil unser Handeln; für einige beinhaltet es, sich ständig und angestrengt beweisen zu müssen, während es bei anderen dazu führt, dass sie aufgeben. Ist unsere Motivation in beiden Fällen nicht die gleiche: die Vermeidung der grundlegenden Angst der Minderwertigkeit? Viele von uns fürchten nichts mehr als dieses Minderwertigkeitsgefühl.

In der Tat sind diese Selbstverurteilungen der Minderwertigkeit oft völlig gnadenlos – nicht nur, wenn wir von uns selbst enttäuscht sind, sondern als ein ständiger Geisteszustand. Auch wenn sie nicht sofort offensichtlich sind, unsere Selbstverurteilungen sind immer unter der Oberfläche aktiv und warten darauf, hervorzukommen. Wer Lampenfieber hat oder sich vor dem Sprechen in der Öffentlichkeit fürchtet, spürt vielleicht ständig die unterschwellige Angst, sich damit auseinandersetzen zu müssen. Es gibt einen Witz, dass jemand sich so sehr vor dem Sprechen in der Öffentlichkeit fürchten kann, dass er lieber im Sarg läge, als die Trauerrede zu halten.

Die Angst vor dem Sprechen in der Öffentlichkeit äußert sich in der Furcht und Scham angesichts öffentlichen Versagens und öffentlicher Demütigung. Aber was ist hier wirklich bedroht? Ist es nicht nur unsere Vorstellung von uns selbst als stark, ruhig, klug oder was sonst noch unsere enge Vorstellung darüber ist, wer wir sein sollten? Ganz sicher fürchten wir uns davor, als schwach zu erscheinen oder die Dinge nicht im Griff zu haben – warum? Denn das würde unseren eigenen tiefen Glauben an unsere Minderwertigkeit bestätigen. Ist es nicht so, dass sich die Angst vor dem Versagen vernichtend *anfühlt,* auch wenn keine wirkliche Gefahr besteht? Aber ironischerweise macht unser Versuch, gegen die Angst zu kämpfen, sie nur noch schlimmer und führt vielleicht sogar zu Panik.

Es gibt eine bessere Alternative: Wie bei den anderen Ängsten, die ich in diesem Kapitel beschrieben habe, müssen wir, um effektiv mit der Angst vor Minderwertigkeitsgefühlen umzugehen, lernen, sie bereitwillig anzunehmen und die Empfindungen der Angst direkt in die Mitte unseres Brustkorbs atmen. Mit anderen Worten, wir bejahen die Angst.

An einem Punkt meines Lebens, als ich mit meiner Angst vor dem Sprechen in der Öffentlichkeit kämpfte, trat ich den Toastmastern bei, einer Gruppe, bei der es darum geht, die Fähigkeit des Sprechens in der Öffentlichkeit zu entwickeln. Aber das tat ich nicht, um bessere Vorträge zu halten oder mit dem Ziel, meine Angst zu überwinden. Ich trat bei, um ein Labor zu haben, einen Ort, um die Angst einzuladen und zu ihren Wurzeln vorzudringen. In gewisser Weise begann ich mich auf die Angst zu freuen, so dass ich sie direkt ins Herz atmen und sie vollkommen spüren konnte. Paradoxerweise ist es die Bereitschaft, vollkommen mit der Angst zu sein, die die Erfahrung der Angst *völlig* verändert. Das heißt nicht, dass die Angst nicht mehr auftaucht; es bedeutet, dass wir uns nicht mehr vor ihr fürchten.

Letztendlich müssen wir alle bereit sein, uns den tiefsten, dunkelsten Überzeugungen über uns selbst zu stellen. Nur so können wir *erkennen,* dass es nur Überzeugungen sind und nicht die Wahrheit dessen, wer wir wirklich sind. Wenn wir bereit sind, uns diesem Prozess hinzugeben und die Geschichten zu durchschauen, in denen wir an Vorstellungen über uns selbst festhalten, können wir uns mit unserem wahren Wesen verbinden. Wie Nietzsche es ausdrückte: „Man muss noch Chaos in sich haben, um einen tanzenden Stern gebären zu können." Liebe ist der tanzende Stern, die Frucht der Bejahung, der bewussten und bereitwilligen Konfrontation mit unseren Ängsten.

Wenn wir in der Weite des Atems und des Herzens Angst spüren, dann erkennen wir sie möglicherweise sogar als ein Abenteuer und nicht als einen Albtraum. Die Angst als Abenteuer zu sehen bedeutet, dass wir bereit sind, uns darauf mit Neugier einzulassen, mit allen unvermeidlichen Höhen und Tiefen. Weil ich im Laufe der Jahre regelmäßig in der Öffentlichkeit sprechen musste, haben mir diese Situationen die Gelegenheit gegeben, mich dem hinzugeben, was für mich das Wichtigste ist: mich daran zu erinnern, dass ich lernen möchte aus der Seinsgüte zu leben. Immer wenn ich mich kurz vor einem Vortrag daran erinnerte, war es nicht mehr so wichtig, ob ich das unangenehme Gefühl der Angst spürte. Das hat es mir ermöglicht, die Angst zu bejahen und sie bereitwillig tief einzuatmen. Mit anderen Worten, wenn wir uns mit einer tieferen Erfahrung des Lebens verbinden, werden negative Überzeugungen, wie zum Beispiel „Ich bin nicht gut genug", vielleicht weiter aufkommen, sie bestimmen aber nicht mehr, was wir fühlen und wie wir leben. Stattdessen benutzen wir die Angst als einen Weg, um zu lernen, aus der Seinsgüte zu leben.

Erinnere dich: Mit Sicherheit wollen wir die Angst vor Minderwertigkeit nicht spüren, aber an einem bestimmten Punkt müssen wir verstehen, dass es schmerzhafter ist, zu versuchen unsere Ängste und Selbstverurteilungen zu unterdrücken und sie dadurch zu verstärken, statt sie einfach zu fühlen. Darum geht es, wenn wir unsere Praxis mit Seinsgüte üben, denn wir sehen unsere Ängste nicht länger als Beweis dafür, dass mit uns etwas nicht in Ordnung ist. Egal, wie diszipliniert wir sind, egal, wie ernsthaft wir praktizieren: Ohne Seinsgüte bleiben wir in der subtilen Unbarmherzigkeit des Geistes stecken, der uns sagt, wir seien im Grunde nicht gut genug. Niemals sollten wir unterschätzen, wie wichtig die Seinsgüte auf dem langen und manchmal entmutigenden Weg des Erwachens ist.

Bitte beachte, dass diese drei grundlegenden Ängste – Unsicherheit/Hilflosigkeit, Einsamkeit/Getrenntheit und Minderwertigkeit – nicht nur mental sind. Wissenschaftler sagen uns, dass die Angst in zelluläre Erinnerungen unseres Körpers eingeprägt ist, besonders in einem kleinen Teil des Gehirns, der als Amygdala bezeichnet wird. Deshalb wird es uns nicht aus der Beherrschung durch unsere Ängste befreien, wenn wir sie nur intellektuell erkennen. Jedes Mal, wenn sie ausgelöst werden, folgen wir einem eingeprägten Muster im Gehirn. Trotzdem müssen wir unsere Ängste klar erkennen, bevor wir uns in unserer Praxis direkt mit ihnen auseinandersetzen können.

Als ich ein Kind war, sagte mein Vater immer wieder zu mir, „Das Einzige, vor dem du dich fürchten musst, ist die Angst selbst." Obwohl er eine gute Absicht verfolgte, hörte ich in seinen

Worten, dass ich mich vor der Angst fürchten *solle.*“ So wurde die Angst zum Feind. Wir müssen uns daran erinnern, dass die Angst weder ein Feind noch ein Problem ist; sie ist kein echtes Monster. Wenn wir Angst spüren, müssen wir uns daran erinnern, dass sie unser Weg ist; und wenn wir das wirklich verstehen, können wir die körperliche Erfahrung der Angst in der Weite des Herzens annehmen.

Wenn wir unsere Ängste direkt und jenseits unserer Konzepte erfahren, werden interessanterweise die Muster im Gehirn, die vorprogrammiert mit Angst reagieren, langsam gelöst. Wie das geschieht, ist ein Geheimnis. Aber es ist kein Geheimnis, dass wir unsere gewohnheitsmäßige und instinktive Aversion gegenüber unseren Ängsten nur überwinden werden, wenn wir sie klar als das erkennen können, was sie sind. Wenn wir in der Lage sind, uns unseren Ängsten zu stellen, haben wir einen großen Schritt in Richtung eines Lebens aus der Seinsgüte getan. Wenn wir die Angst wirklich zulassen, ist sie ein Tor zur Wirklichkeit.

Es ist wichtig, dass wir immer wieder zu dem zurückkehren, was wirklich ist. Vor Kurzem habe ich etwas über einen Finanzberater gelesen, der seine Klienten nicht nach ihren finanziellen Zielen fragte; er fragte sie stattdessen, was sie tun würden, wenn sie nur noch eine Woche zu leben hätten. Ohne Ausnahme hatten die Antworten der Kunden mit ihren wirklichen Prioritäten zu tun, wie zum Beispiel dem Wunsch des Gebens oder der Verbundenheit. Der Berater sagte seinen Kunden dann, dass ihre finanziellen Ziele diese echten Prioritäten widerspiegeln sollten, damit ihr Leben nicht nur von ihrem Bedürfnis nach Sicherheit bestimmt ist. Auch wir können uns fragen, was wir tun würden, wenn wir nur noch eine Woche zu leben hätten. Wenn wir wissen und spüren, was wirklich wichtig ist, können wir uns nach und nach von unserem auf Angst basierenden Verhalten abwenden, das uns in einem selbst geschaffenen Exil festhält. Nur dann können wir wirklich aus der Liebe leben, die unser wahres Wesen ist.

14 Beziehungen und Liebe

„Was ist die Hölle? Die Hölle ist das Leiden an der Unfähigkeit, zu lieben", schrieb Dostojewskij in *Die Brüder Karamasoff.* Selbst wenn wir etwas wissen und tiefe Einsichten haben, wird ohne Seinsgüte immer etwas fehlen. Erst wenn wir uns wirklich der Liebe hingeben können, wird unsere Absicht, wirklich authentisch zu leben, sich erfüllen.

Was ist Liebe? Es ist wirklich schwer, über Liebe zu sprechen, weil es für verschiedene Menschen so Verschiedenes bedeutet: sexuelle Liebe, freundschaftliche Liebe, Liebe in der Familie usw. Eines haben diese verschiedenen Formen der Liebe gemeinsam: Es sind alles Formen persönlicher Liebe, in der wir oft in den Höhen und Tiefen unserer Gefühle und Anhaftungen gefangen sind. Aber es gibt noch eine andere Liebe, die noch nicht einmal ein Gefühl ist – es ist der natürliche Zustand unseres Seins. Diese Liebe zeigt sich ganz natürlich, wenn alle Bedingungen, die wir unseren Beziehungen hinzufügen – unsere Ziele, Bedürfnisse und Erwartungen –, uns nicht mehr im Weg stehen.

Ist es nicht so, dass wir diese Art der Liebe nur selten erfahren? Ist es nicht vielmehr meistens unsere Erfahrung, dass wir unsere Beziehungen als eine Quelle von Schwierigkeiten verstehen? Ich spreche nicht nur über Beziehungen mit unseren Partnern, sondern mit unseren Eltern, unseren Kindern, unseren Vorgesetzten, unseren Freunden und selbst mit Fremden, mit denen wir im Laufe des Tages zu tun haben. Warum gibt es dabei so viele Schwierigkeiten? Oder, auf den Punkt gebracht, was ist es, das jeder von uns mit in die Beziehung bringt und das so viele Probleme verursacht?

Die Antwort ist: wir selbst! Wir bringen unsere Vorstellungen, unsere Hoffnungen und vor allem unsere Wünsche mit. Immer wenn wir etwas von jemandem möchten, was immer zutrifft, wenn wir etwas von dem anderen erwarten, können wir ihn nicht wirklich als Mensch sehen. Wir sehen ihn nur im Zusammenhang damit, was wir von ihm möchten. Und solange wir etwas von ihnen möchten, ist unsere Fähigkeit, zu lieben, blockiert. Dies führt dann vielleicht zu Schwierigkeiten mit Nähe und Vertrauen, zur Angst vor Kritik und Ablehnung oder dem Gefühl, nicht wertgeschätzt oder kontrolliert zu werden. Und mit Sicherheit kann das auch zu Problemen mit Geld oder Sex führen.

Mit diesen unvermeidlichen Schwierigkeiten sind Beziehungen oft ein Test für uns und bringen die Bereiche ans Licht, in denen wir stecken geblieben sind. Aber selbst wenn es unangenehm ist, das zu sehen, gibt es uns eine unvergleichliche Gelegenheit, aus unserer Tiefe zu leben und uns mit der unbedingten Liebe zu verbinden, die unser wahres Wesen ist. Wir denken vielleicht, dass uns die Schwierigkeiten in der Beziehung vom spirituellen Weg abhalten oder davon ablenken; wir denken möglicherweise, dass wir den Berg allein besteigen müssen, um uns in unserer Tiefe zu erkennen. Aber die Schwierigkeiten, mit denen wir in Beziehungen konfrontiert sind, können uns in einer Weise herausfordern, wie wir es selbst allein nie tun könnten, egal, wie ernsthaft unsere spirituelle Suche auch ist. Und weil Beziehungen oft unsere schmerzhaftesten und nicht integrierten Emotionen ansprechen, können sie zu einem solchen nützlichen Lehrer werden.

Um mit Beziehungen zu arbeiten, gibt es drei wichtige Schritte – Selbsterkenntnis, Aufhören und Erfahren und die Praxis der Seinsgüte. Diese drei Schritte zusammengenommen werden uns dabei helfen, zu lernen, aus unserem wahren Wesen zu leben.

Selbsterkenntnis

Um klar zu sehen, was du von einer Beziehung erwartest, oder zumindest zu erwarten glaubst, denk an eine wichtige Beziehung, in der du Schwierigkeiten erfahren hast. Dann denk über folgende Fragen nach: Was soll mir die Beziehung geben? Was sind meine besonderen Erwartungen an diesen Menschen?

Oft haben wir bestimmte Vorstellungen darüber, wie andere Menschen sein sollten, vor allem damit wir uns sicher, selbstbewusst, geliebt, zufrieden, glücklich, wertgeschätzt usw. fühlen. Wenn wir zum Beispiel glauben, dass uns jemand liebt oder braucht, fühlen wir uns nicht nur geliebt, sondern auch liebenswert. Und das ist der Balsam, nach dem wir suchen, um die grundlegende Angst vor unserer Minderwertigkeit zu bedecken. Aber wenn unsere Bedürfnisse und Erwartungen in der Beziehung nicht erfüllt werden, fühlen wir uns ungeliebt, zurückgewiesen, einsam und nicht wertgeschätzt. Sieh dir auch hier wieder deine eigene Situation an, um zu erkennen, wie das besonders auf dich zutrifft. Wir müssen erkennen, dass fast alle Schwierigkeiten, die wir in Beziehungen haben, daher kommen, dass wir möchten, dass etwas anders ist, als es ist.

Unsere Schwierigkeiten in Beziehungen werden oft dadurch intensiviert und verschlimmert, dass unsere Erwartungen fast immer unbewusst sind, wenn wir eine Beziehung beginnen. Ich traf meine erste Frau in einer spirituellen Gemeinschaft und dachte damals, dass ich nichts weiter wollte, als eine Partnerin auf meiner spirituellen Suche. Aber was ich unbewusst auch wollte, war jemand, der mir Aufmerksamkeit schenkt und mich wertschätzt, und diese unbewussten Erwartungen hatten schließlich endlose Schwierigkeiten zur Folge.

Das Wichtige hierbei ist, dass einer der grundlegenden Aspekte der Praxis in Beziehungen darin besteht, uns darüber klar zu werden, was unsere eigenen Erwartungen und Ziele sind. Wir müssen genau wissen, wie wir uns unseren Partner wünschen und welche Gefühle wir in der Beziehung erfahren möchten. Je klarer wir unsere Erwartungen und Muster erkennen, desto eher werden unsere unrealistischen und selbstbetrügerischen Ideen über Beziehungen aufgelöst. Es ist wesentlich, dass wir unsere Illusionen über Beziehungen loslassen – bezüglich dessen, was eine Beziehung ist und was sie *mir* bringen soll. Aber um diese Illusionen loszulassen, müssen wir zuerst lernen uns selbst klarer zu erkennen.

Denk auch hier an deine eigene Situation, besonders wenn du nicht bekommst, was du willst oder wenn du bekommst, was du nicht willst – das heißt, wenn deine Erwartungen nicht erfüllt werden. Mit welchen Gefühlen reagierst du in der Regel? Bist du anfällig für Wut, Verletzung, Selbstmitleid, Furcht, Depression, Angst? Es ist wichtig, dass du dir darüber im Klaren bist, was deine besonderen emotionalen Reaktionen sind, andernfalls werden Beziehungen immer ein Geheimnis bleiben und die Schwierigkeiten unlösbar.

Wir tendieren dazu, Schwierigkeiten in Beziehungen als Hindernisse zu sehen, als Hindernis für unser Glück und manchmal sogar als Hindernis für unseren spirituellen Weg. Wenn diese Schwierigkeiten auftauchen und wir uns darüber ärgern, glauben wir oft automatisch, dass etwas nicht in Ordnung ist. Dann verfolgen wir die Strategie „Ich muss das wieder in Ordnung bringen." Aber dadurch verfehlen wir einen wichtigen Punkt: Diese Hindernisse und Schwierigkeiten können selbst ein Schritt auf dem Weg zum Erwachen sein. Sie sind uns nicht im Weg, sie *sind* unser Weg.

Oft vergessen wir, dass Schwierigkeiten die wertvollsten Möglichkeiten sind, etwas über uns selbst zu lernen, besonders über unsere eigenen Hindernisse. In Beziehungen ist der andere in Wirklichkeit ein Spiegel, der uns genau das reflektiert, was wir in uns klären müssen – unsere Erwartungen, unsere Urteile, unsere

Wut und unsere Angst. In diesem Sinne sehen wir den anderen als unseren Lehrer anstatt als Ursache unseres Leidens, er oder sie zeigt uns indirekt, womit wir uns auseinandersetzen müssen, um aus der Seinsgüte zu leben.

Das ist sehr wichtig – wir müssen nicht lange nach unserem Beziehungs-Guru suchen; unser Guru ist derjenige, der unsere wunden Punkte berührt und uns zeigt, wo wir stecken geblieben sind, all die Bereiche, in denen unsere Muster, Haltungen und Handlungen unseren Weg zur Seinsgüte blockieren. Das ist einer der besonderen Vorteile von Beziehungen als spiritueller Praxis.

Aber selbst wenn wir uns daran erinnern, die Schwierigkeiten in unseren Beziehungen im Kontext der Praxis zu sehen, ist das ein großer und oft sehr schwieriger Schritt. Wie oft sehen wir unsere Schwierigkeiten in dieser Weise? Wie oft erinnern wir uns zum Beispiel daran, dass der andere unser Lehrer ist, wenn wir kritisiert oder betrogen wurden? Aber halten wir nicht unseren eigenen Kreislauf des Leidens in Gang und verletzen uns selbst und andere, wenn wir uns nicht daran erinnern?

Wenn Schwierigkeiten auftauchen, müssen wir uns zunächst daran erinnern, dass es dabei um *uns* geht und dass unsere Anstrengungen unsere Möglichkeit sind, genau zu dem zu erwachen, womit wir uns auseinandersetzen müssen. Wenn wir zum Beispiel Gedanken hören wie „Ich kann es nicht ausstehen, wenn er das tut", „Niemand darf so behandelt werden", „Das ist einfach nicht richtig" oder „Warum tut sie das immer wieder?" können wir sie als Hinweise sehen, dass wir uns mit diesen Gedanken im Rahmen unserer Praxis auseinandersetzen müssen. Das bedeutet, sie klar als tief verwurzelte Gedanken zu sehen, die aus unseren Konditionierungen entstehen. Es ist wichtig, zu verstehen, dass unsere Gedanken nicht notwendigerweise „Die Wahrheit" sind, egal, wie stark sie auch sein mögen. Und auch, wenn sie objektiv „richtig" erscheinen, können wir uns selbst fragen, ob sie eher Selbstgerechtigkeit oder Verbundenheit stärken.

Aufhören und Erfahren

Als Ergebnis der emotionalen Reaktionen in unseren Beziehungen begeben wir uns oft in Machtkämpfe und versuchen andere zu verändern, damit sie unseren Erwartungen entsprechen. Oder wir halten etwas zurück, was der andere möchte, bis wir bekommen, was wir möchten. Denk an eine schwierige Beziehung. Kannst du sehen, wie oft du nicht bereit bist zu geben, besonders weil du nicht bekommst, was du willst, und wie schnell ein Machtkampf ausbricht, bevor du dessen Wurzeln kennst?

In Beziehungen werden wir uns fast immer auf den anderen Menschen fokussieren, anstatt uns nach innen zu wenden. Wir versuchen in Wirklichkeit, den anderen zu verändern, damit er unsere Hoffnungen und Erwartungen erfüllt. In diesen Machtkämpfen sehen wir den anderen möglicherweise sogar als unseren Feind, was uns dazu führt, entweder Barrieren zum Schutz zu errichten oder anzugreifen, um uns zu verteidigen. Wir müssen das ehrlich in uns sehen.

Selbst wenn wir intellektuell wissen, dass unser emotionaler Ärger das Ergebnis unserer Erwartungen und Ziele ist, die wir mit dieser Situation verbinden, ist es oft schwierig, das zu sehen, wenn wir uns tatsächlich ärgern. Und selbst wenn wir es sehen, ist es schwierig, damit in unserer Praxis umzugehen. Warum? *Denn es bedeutet, dass wir aufhören müssen, anderen die Schuld zu geben.* Dieser Punkt ist wesentlich. Immer wenn wir mit dem Finger auf jemanden oder etwas außerhalb von uns zeigen, können wir nach und nach lernen, den Finger umzudrehen, um zu sehen, was wir selbst tun. Das heißt *nicht,* dass wir uns selbst die Schuld geben; es bedeutet, dass wir ganz mit den Schuldzuweisungen aufhören.

Das Problem ist, dass wir nicht mit den Schuldzuweisungen aufhören wollen. Es ist einer unserer Umwege, der uns von der Wirklichkeit wegführt. Oft wollen wir wütend sein und recht haben. Wir mögen die Lebendigkeit und Kraft, die wir spüren, wenn wir wütend sind. Aber um mit Schwierigkeiten in unseren Beziehungen umzugehen, müssen wir sehen, wie stark diese Verteidigungsstrategien der Schuldzuweisung und Selbstgerechtigkeit sind. Und hier wird es wirklich kompliziert, denn wenn wir aufhören an den Schuldzuweisungen und Verteidigungsstrategien festzuhalten, bleibt uns das, was wir am wenigsten erfahren möchten – die existentielle Anspannung der Angst, die wir alle unser ganzes Leben lang vermeiden wollten. Wir müssen verstehen, dass wir versuchen unseren eigenen Schmerz der Angst zu bedecken, wenn wir jemand anderen verurteilen. Wir möchten dieses unangenehme Gefühl nicht spüren.

In der Praxis legen wir den Schwerpunkt darauf, dass wir immer wieder zu unserem inneren Prozess zurückkehren; aber dabei ist es wichtig, zu beachten, dass wir manchmal auf Situationen treffen, die objektiv eine Handlung erfordern – und manchmal sofort. Aber wenn möglich ist es besser, unsere innere Landschaft zu sehen, bevor wir handeln, denn wenn wir uns nicht mit unserer eigenen Negativität auseinandergesetzt haben, ist es wahrscheinlich, dass wir die Situation nur verschlimmern.

Als ein Beispiel für das voraussehbare Muster der Schuldzuweisung nehmen wir einmal an, dass eine Schwierigkeit auftaucht, weil wir uns kritisiert fühlen.

Möglicherweise fühlen wir uns sofort verletzt, was fast immer in Angst gründet. All die alten Erinnerungen an Verletzungen kommen aus dem Keller, und es ist gut möglich, dass die Stärke unserer emotionalen Reaktion mehr auf der Ansammlung vergangener Verletzungen basiert, als auf der gegenwärtigen Situation. Die Glaubenssätze dieser angesammelten Verletzungen schreien in unserem Kopf: „Das passiert mir immer“, „Wie konnte sie mich so behandeln?“, „Siehst du, ich wusste, dass man niemandem vertrauen kann“, „Ich bin so dumm!“ oder „Das ist zu viel.“ Und mit Sicherheit glauben wir, dass diese Gedanken wahr sind, besonders wenn wir uns gerade mitten in unserer Reaktion befinden. Weil es schmerzvoll ist, sie zu erfahren, bewegen wir uns sofort in die Vermeidung, in unsere eigene besondere Verteidigungsstrategie, wie zum Beispiel Schuldzuweisungen, Rückzug oder Ablenkung.

Was immer auch unser besonderes Verteidigungsmuster ist, wir müssen sehen, dass dieses Verhalten oder diese Strategie, auch wenn sie als ein Mittel zum Vermeiden der schmerzhaften Qualität der emotionalen Situation entsteht, nicht das Gleiche ist, wie die Emotion selbst. Zudem ist die einzige Möglichkeit, um das Gefühl wirklich zu spüren – es zu bejahen, damit zu arbeiten und es zu heilen –, zunächst mit der Verteidigungsstrategie in unserem Verhalten aufzuhören. Nur wenn wir mit unseren Verteidigungsstrategien aufhören, besonders den Schuldzuweisungen, können wir im gegenwärtigen Augenblick unserer emotionalen Reaktionen verweilen.

Wenn wir in unseren emotionalen Reaktionen verweilen, führt uns das meist zum sehr unangenehmen Gefühl der Angst, und es ist besonders schwierig, darin zu verweilen. Aber kannst du sehen, dass die Angst der Schlüssel zu allen unseren Schwierigkeiten in Beziehungen ist? Mehr als alles andere blockiert Angst menschliche Nähe und Liebe. Diese Ängste sind vielleicht nicht sofort offensichtlich, aber sie sind trotzdem da. Und sie können weiterhin einen kraftvollen, sogar übermächtigen Einfluss haben, bis wir uns schließlich mit ihnen auseinandersetzen.

Aber wovor fürchten wir uns überhaupt? Denk an deine eigene Situation. Kannst du deine eigenen spezifischen Kernängste identifizieren? Kannst du sehen, in welchem Ausmaß diese Ängste dich bestimmen, auch wenn du sie gerade nicht fühlst? Um mit Schwierigkeiten in der Beziehung zu praktizieren, ist es zunächst wichtig, die spezifischen Dynamiken zu verstehen, die die Angst in dir annimmt. Bei einigen Beispielen geht es um die Angst vor Verlust oder Ablehnung; davor, nicht das zu bekommen, was wir wollen, oder das zu verlieren, was wir haben; vor Nähe; vor überwältigenden Gefühlen; vor Kontrollverlust oder davor, kontrolliert zu werden; vor dem Gefühl, ungeliebt und nicht gut genug zu sein usw.

Diese Ängste sind nicht unbedingt logisch oder verständlich. Wenn wir zum Beispiel Angst davor haben, dass wir es nicht wert sind, geliebt zu werden, heißt das nicht, dass es stimmt. Es bedeutet nur, dass wir glauben, dass es wahr ist. Solange wir in dem Glauben gefangen bleiben, kontrolliert die Angst unser Handeln, unsere Reaktionen und unsere Beziehungen. Wir müssen also zunächst unsere eigenen spezifischen Ängste erkennen, weil sie den meisten unserer Beziehungskonflikte zugrunde liegen.

Dann kommt der herausforderndste Teil der Praxis mit den Schwierigkeiten in Beziehungen – wo wir bereit sein müssen, die tiefe Anspannung der Angst und des Schmerzes zu *fühlen*. Es ist wichtig, dass wir unsere Gedanken kennen, aber das kann unsere angesammelte Erinnerung an früheren Schmerz nicht berühren. Es ist leicht, im Sumpf der Schuldzuweisungen zu bleiben und alte Wunden wieder zu spüren; aber wir merken schließlich, dass wir nicht auf dem „History Channel" hängen bleiben müssen; wir können immer zum „Discovery Channel" umschalten, wo wir unsere Erfahrung neu betrachten können. Was dadurch möglich wird, ist ganz einfach zu verstehen, aber dennoch schwer umzusetzen: Wir müssen damit aufhören, unsere Geschichte der Dramen und Schuldzuweisungen zu wiederholen und stattdessen den gegenwärtigen Moment unserer Erfahrung bejahen, indem wir ihn fühlen und in den körperlichen Empfindungen verweilen, egal, wie unangenehm diese sein mögen. Wir denken vielleicht, dass wir nicht aufhören können, aber natürlich können wir. Wir wollen es nur nicht.

Eine Praxismethode, die ich schon früher erwähnt habe – die Praxis der drei Atemzüge –, kann helfen, wenn der Schmerz übermächtig erscheint. Um es noch einmal zu wiederholen, wir sagen dem Ego, der Quelle jedes Widerstandes, dass wir die schmerzhaften Gefühle nur für die Dauer von drei Atemzügen spüren werden. Danach werden wir uns in eine Phantasie oder eine andere Quelle angenehmer Gefühle begeben, was immer unsere Form von „Schokolade" sein mag. Dann fühlen wir die Emotion – das, was wir am wenigsten fühlen wollten – vollkommen, für drei Atemzüge. Danach halten wir uns an unsere Vereinbarung und erlauben unserer Aufmerksamkeit wieder abzuschweifen. Aber wir kommen später immer wieder zum Erfahren zurück, für jeweils drei Atemzüge.

Gewahrsein heilt. Das ist das grundlegendste Prinzip der spirituellen Praxis. Durch das Gewahrsein wird unser Leiden weniger solide. Wenn wir unsere Ängste durchschauen, wenn sie immer durchlässiger werden, bestimmen sie nicht länger unser Verhalten, sie verursachen nicht mehr so viel Schmerz.

Wenn wir uns nicht unseren Ängsten stellen, werden wir nicht wirklich dazu in der Lage sein, uns mit anderen zu verbinden, denn wir sind weiterhin nicht mit uns selbst verbunden. Wie können wir eine gesunde Beziehung mit jemandem haben, der in Angst gefangen ist, wenn wir unsere eigenen Ängste nicht kennen? Aber wenn wir lernen unsere Ängste anzunehmen, haben wir nicht länger Angst vor ihnen; und wenn wir jemanden treffen, der auf uns wütend ist, dann können wir sehen, dass er in Wirklichkeit Angst empfindet, und deshalb müssen wir nicht sofort auf die Wut reagieren. Der Weg, um das Herz des Mitgefühls gegenüber einem anderen Menschen zu erwecken, ist immer in der Akzeptanz unseres eigenen Schmerzes gegründet.

Wenn wir unsere eigenen Ängste kennenlernen, wird es möglicherweise hilfreich sein, mit unseren Freunden darüber zu sprechen. Ich erinnere mich daran, dass ich in den ersten Monaten unserer Beziehung mit Elizabeth in einem Restaurant saß. Es war kurz vor einem Retreat und aus irgendeinem Grund war die Pandoraschachtel meiner Ängste weit geöffnet. Nie zuvor hatte ich mit einem anderen Menschen so ausführlich über meine Ängste gesprochen, zum großen Teil aus Scham und weil ich nicht als schwach erscheinen wollte. Aber in den vorhergehenden Monaten lernte ich meine Ängste zu bejahen und sah sie nicht mehr als Feind oder Niederlage. An diesem Abend entschloss ich mich also Elizabeth zu sagen, wie ich mich fühlte, ohne irgendetwas zurückzuhalten.

Es erstaunte mich, dass sie einfach ohne Kommentar oder Urteil zuhörte. Es geschieht selten, dass wir uns gehört fühlen und uns jemand mit Seinsgüte begegnet, aber besonders berührend ist es, wenn wir uns verwundbar fühlen. Wir gehen das Risiko ein, missverstanden, beurteilt oder abgelehnt zu werden; aber dieses Risiko lohnt sich, wenn du dich wirklich mit einem anderen Menschen verbinden willst. Ehrlich unsere Ängste miteinander zu teilen ist ein wichtiger Schritt zu wahrer Nähe in Beziehungen. Aber um das zu tun, müssen wir bereit sein, die unvermeidbaren Schwierigkeiten anzunehmen.

Das hört sich vielleicht wie eine dunkle und sogar trostlose Sicht von Beziehungen an. Du möchtest vielleicht diese scheinbar verbitterten Ausführungen über das Bejahen deiner Ängste und deines Schmerzes gern vergessen. Du möchtest möglicherweise deinen Fokus eher auf die positiven Aspekte der Beziehungen richten, oder du denkst, dass die Beziehung nicht gut läuft, wenn wir uns darin schlecht fühlen. Aber wir müssen verstehen, dass wir, solange es in unseren Beziehungen Leiden gibt, unsere Aufmerksamkeit in die Bereiche bringen müssen, in denen wir stecken geblieben sind.

Dadurch können wir die wirkliche Bedeutung von Liebe in Beziehungen erkennen und müssen uns nicht länger nur mit Oberflächlichkeit oder dem angenehmen Gefühl psychologischer Sicherheit zufriedengeben. Je mehr wir die Bedingungen, die wir unseren Beziehungen selbst auferlegt haben, loslassen – die Urteile, die wahrgenommenen Bedürfnisse und Wünsche –, desto freier ist der Weg, so dass die Liebe einfach durch uns hindurchfließen kann. Sicher werden einige Schwierigkeiten geschickter gelöst als andere, und wir sollten die außerordentlichen Herausforderungen, mit denen wir es hier zu tun haben, nicht herunterspielen.

Die Praxis der Seinsgüte

Es gibt noch einen weiteren Schritt, den wir in unserem Umgang mit Beziehungen tun können: die Praxis der Seinsgüte sowohl gegenüber denjenigen zu üben, mit denen wir Schwierigkeiten haben, als auch gegenüber uns selbst. Eine Möglichkeit, dies zu tun, ist sicher die Meditation der Seinsgüte, aber wir können dies auch in unserem Verhalten durch absichtsvolles gebendes Tun im Alltag zum Ausdruck bringen.

Das ist aber ein sehr heikler Bereich, denn wenn wir versuchen aus Güte zu handeln, kann das leicht eine moralische Vorschrift werden, die unseren tief innen gefühlten Schmerz vermeidet. Wenn uns zum Beispiel jemand beleidigt oder verletzt, ist es nicht hilfreich, zu versuchen freundlich zu reagieren, ohne *auch* anzusprechen, was wirklich in uns vor sich geht. Solch eine Freundlichkeit wäre eher kosmetisch und nicht echt; es ist möglicherweise ein Versuch, an dem Bild von uns selbst als freundlicher Mensch festzuhalten. Wenn wir versuchen unser Verhalten zu ändern, damit es besser zu der idealen Vorstellung von uns selbst passt, befinden wir uns wieder in der Welt des Ich-Ballasts. Zudem wird solch eine Anstrengung nach hinten losgehen, denn sie umgeht die unterschwellige Wut und Angst, die uns davon abhalten, echte Freundlichkeit auszudrücken.

Wenn wir im Gegensatz dazu bereit sind, unsere oft steinige innere Landschaft anzuerkennen, kann es sich auszahlen, wenn wir absichtsvoll aus Freundlichkeit handeln, denn das erlaubt es uns, die unangenehmen Gefühle anzuschauen, die aus diesen Handlungen resultieren. Das trifft besonders zu, wenn wir erkennen, dass es für uns am schwersten ist, das zu geben, was der andere am meisten möchte. Denk an einen Menschen, der dir nahesteht. Was möchte dieser Mensch von dir am dringendsten, etwas, das du ihm nicht bereit bist zu geben? Ich meine damit etwas, was du geben kannst, das du aber aus Angst zurückhältst, sei es aus einer bewussten Angst oder einer, die dir gar nicht bewusst ist. Denk eine Minute darüber nach.

Hier ist ein Beispiel: Wenn unser Partner von uns Akzeptanz möchte, wäre es eine absichtsvolle Reaktion aus Freundlichkeit, mit dem Kritisieren aufzuhören und nicht mehr zu versuchen, den anderen Menschen zu jemand anderem zu machen, als er ist. Das hört sich vielleicht unmöglich oder zumindest sehr schwierig an, aber denk daran, was auf dem Spiel steht. Wenn wir einander als eine Handlung absichtsvoller Freundlichkeit nicht verurteilen würden, wären wir gezwungen uns dem zu stellen, womit wir uns am dringendsten auseinandersetzen müssen – unseren eigenen, mit unseren Urteilen verbundenen Ängsten und Anhaftungen. Und denk auch daran, wie viel es für den anderen bedeuten könnte, wenn ihm jemand mit Freundlichkeit begegnet.

Wir spüren möglicherweise einen starken Widerstand, wenn wir dem anderen Menschen geben, was er möchte, besonders wenn wir uns an alle Ungerechtigkeiten erinnern, die uns widerfahren sind. Aber wenn wir uns durch die Schichten der Wut, Angst und unangenehmen Erfahrungen arbeiten, die unserem Widerstand zugrunde liegen, werden wir uns von unseren inneren Blockaden befreien. Meist glauben wir, dass die Blockaden für die Liebe im anderen Menschen sind, aber diese Blockaden sind immer unsere eigenen.

Obwohl wir oft davon ausgehen, dass der andere Mensch unsere unangenehmen Gefühle auflösen kann oder soll, ist diese Erwartung eine große Behinderung, um wirkliche Verbundenheit und Liebe zu spüren. Vom Standpunkt der Praxis ist der Umgang mit unseren unangenehmen Gefühlen vor allem *unsere* innere Arbeit. Weil die Praxis des Gebens zweifellos unsere eigene Unzufriedenheit ans Licht bringen wird, können wir uns, wenn wir es tun, mit unserer eigenen Angst und unserem eigenen Schmerz auseinandersetzen, die der wahre Grund für diese Unzufriedenheit sind. Wenn wir die Praxis des Gebens in dieser Weise üben, kann das genau der Weg sein, um aus der Seinsgüte, unserem wahren Wesen, zu leben.

Eine meiner Schülerinnen berichtete mir, dass sie überhaupt keine Lust auf eine Reise hatte, die ihr Ehemann gern machen wollte, aber sie entschied sich, mit ihren Ängsten zu arbeiten, indem sie ihm gab, was er wollte. Obwohl sie es ihm nicht sagte, bedeutete das für sie, sich mit ihrer Überzeugung zu konfrontieren, dass ihr Wille nicht zählt, und damit verbunden war die Angst, vernachlässigt zu werden. Die Reise wurde also geplant, aber einige Tage bevor sie aufbrechen wollten, sagte er ihr, dass sie die Reise stornieren müssen. Als sie das hörte, begann sie zu weinen, weil sie dachte, wie enttäuscht ihr Mann jetzt sein müsse. Daraufhin gestand er, dass er diese Reise nur geplant hatte, weil er dachte, dass sie es wollte! Beide konnten darüber natürlich lachen, aber das Wichtige ist, dass sie die bewusste Anstrengung gemacht hatte, ihm zu geben, was er wollte (oder zumindest dachte, dass er es wollte), um sich mit ihren tiefsten Ängsten zu konfrontieren. Und als sie begonnen hatte mit ihren Ängsten zu arbeiten, gab es keinen Rest von Verbitterung, wie sich in ihren Tränen zeigte, als sie die Enttäuschung ihres Mannes zu sehen glaubte. Was als bewusste Anstrengung begann, wandelte sich zu aufrichtigem Geben aus Freundlichkeit.

Der Punkt dabei ist, dass wir uns nicht liebend oder freundlich fühlen müssen: Wir müssen uns nur mit dem auseinandersetzen, was uns im Weg steht, besonders dort, wo wir unser Herz in Angst verschließen. Wenn wir uns mit unseren eigenen Ängsten auseinandergesetzt haben, werden interessanterweise andere Menschen oft die Freiheit spüren, auf uns zuzukommen. Und wenn andere nicht länger spüren, dass sie sich verteidigen müssen, sind auch sie möglicherweise eher bereit mit den Anteilen ihrer Persönlichkeit zu arbeiten, die noch nicht befreit sind. Dann spüren wir im Gegenzug mehr Freiheit, uns ihnen zuzuwenden.

Natürlich ist das nicht garantiert; aber es öffnet zumindest eine Tür zu einem Ort, an dem zwei Menschen lernen können, sich wirklich und ohne sich verteidigen zu müssen, einander zu begegnen. Das Wesen des gebenden Herzens kennt keine Verteidigungsstrategien; und Liebe ist auf dieser Ebene das natürliche Bedürfnis, etwas für den anderen zu tun, ohne etwas dafür zu bekommen. Aber erinnere dich daran, dass solch eine Beziehung sehr schwierig sein kann, besonders wenn wir unseren eigenen Ärger spüren. Deshalb ist Ausdauer, zusammen mit der Bereitschaft, uns selbst mit Seinsgüte zu begegnen, so wichtig. Das gibt uns den Mut, uns nicht aufzugeben, und im Gegenzug auch andere nicht aufzugeben. Wenn wir uns nicht länger aus Angst zurückhalten und lernen, aus dem Herzen zu geben, ist es immer leichter für uns, die Liebe zu finden, die wir in Beziehungen suchen. Das heißt nicht, dass wir keine Vorlieben im Verhalten unserer Lieben mehr haben; aber es ist ein großer Unterschied, ob wir Vorlieben haben oder einen emotionalen Zwang auf den anderen ausüben.

Wenn wir Seinsgüte durch bewusstes Geben aktiv üben, verstehen wir vielleicht auch die tiefere Bedeutung des biblischen Ausdrucks „Liebe deinen Nächsten wie dich selbst". Oft wird das als moralisches Dogma verstanden, das unser Verhalten verändern soll. Aber auf einer tieferen Ebene können wir es als eine Aussage über das Wesen der Wirklichkeit erkennen. Genauer gesagt, wenn wir unsere grundlegende Verbundenheit wirklich erfahren und in die Seinsgüte, unser wahres Wesen, eintreten, lieben wir ganz natürlich andere als *uns selbst,* weil wir uns nicht länger getrennt von den anderen sehen. Wir verstehen dies vielleicht nur zeitweise und wahrscheinlich nur als kurzzeitige Einsicht, aber wir dürfen diese grundlegende Wahrheit nicht aus den Augen verlieren.

Die Alternative dazu ist, weiter ein Leben in Angst zu führen. Wenn wir aus der Angst leben und andere Menschen als getrennt von uns sehen, sind sie eine Gefahr für uns. Aber wenn wir nicht länger vor unseren eigenen Ängsten und unserem Leiden davonlaufen – sondern sie stattdessen vollkommen erfahren, indem wir sie direkt ins Herz atmen –, sind wir dazu in der Lage, das Leiden anderer als nicht verschieden von unserem eigenen Leiden zu sehen. Wenn wir uns so dem universellen Leiden der Menschheit öffnen, können wir andere Menschen so sehen, wie sie wirklich sind, frei von den Filtern unserer eigenen Bedürfnisse und Ängste. Dies bringt uns der Erfüllung unserer Lebensaufgabe näher: die Wahrheit darüber zu wissen, wer wir wirklich sind – dass das Wesen unseres Seins Verbundenheit und Liebe ist. Das ist das Leben aus dem Zen-Herzen. Unsere Aufgabe ist nicht, uns selbst oder andere zu verändern, sondern die Welt durch Liebe zu erkennen. Durch unser bewusstes Leiden können wir uns mit dem größeren Leiden der Menschheit verbinden; und indem wir in die Mitte des Brustkorbs atmen, begeben wir uns in das weite Herz der Verbundenheit.

Wenn wir die Welt durch Liebe erkennen, wird unser Handeln in der Welt natürlicherweise mehr und mehr aus dem wahren Verstehen unserer selbst kommen. Und wenn wir in Situationen sind, in denen wir nicht wissen, was wir tun oder sagen sollen, stellen wir die wichtigste Frage der Praxis: „Was würde es bedeuten, in diesem Moment aus der Seinsgüte zu leben?“ Wenn wir in die Mitte des Brustkorbs atmen, kann die Antwort aus unserem Herzen kommen, statt aus unserem Geist.

An diesem Punkt verschmilzt unsere persönliche Liebe mit der größeren Liebe, die unser wahres Wesen ist. Unsere persönliche Liebe wird zu einem Tor zur Großen Liebe und ein Kanal, durch den die Große Liebe fließen kann. Wenn ich manchmal Elizabeth anschaue und ihr gütiges Herz und ihre tiefe Absicht sehe, gehe ich ganz natürlich durch das Tor zur Großen Liebe. Die Liebe richtet sich dann auf alle gleichermaßen, so wie die Sonne alles ohne Unterschied bescheint. Seinsgüte ist ohne Urteil; niemand wird ausgeschlossen. Sie umarmt alles und jeden. Liebe gibt, ohne zu erwarten, dass sie etwas zurückbekommt. Liebe gibt ohne Ziel, ohne Zweck. Auf dieser Ebene ist Liebe einfach. Sie ist der ursprüngliche Zustand unseres ungehinderten Seins.

15 Die drei Herzensmeditationen

Bei der dritten wichtigen Phase der spirituellen Praxis geht es darum, zu lernen, wirklich aus der Seinsgüte zu leben. Drei besondere Meditationen – die Meditation der Seinsgüte, die Mitgefühlsmeditation und die Heilungsmeditation – haben sich für viele als sehr kraftvolle Möglichkeiten des Lernens erwiesen, obwohl sie nur ein Teil dieser Phase der Praxis sind.

Was ist also Seinsgüte genau? Wir können Seinsgüte als ein Gefühl der Verbundenheit bezeichnen, ein inneres Wohlwollen, das möglicherweise von Empfänglichkeit und Wärme begleitet wird. Darin ist eine Offenheit, die der Tendenz des Geistes entgegenwirkt, ständig zu urteilen. In der Tat kultivieren wir durch die Übungen der Seinsgüte eine unbedingte Freundlichkeit, denn wir verdrängen nicht länger Aspekte von uns selbst als ungewollt oder schlecht.

Traditionelle Meditationen der liebenden Güte (*mettā*) gehen in dieselbe Richtung. Bei Mettā geht es um eine Geisteshaltung, in der wir uns das Wohlergehen aller wünschen, einschließlich uns selbst. Die Essenz der traditionellen Meditation der liebenden Güte ist die Wiederholung bestimmter Sätze, wie „Möge ich glücklich sein" und „Mögen alle Wesen glücklich sein". Dabei geht es darum, das Gefühl liebender Güte oder grenzenloser Liebe zu erzeugen. Die drei Meditationen, die ich vorstelle, dienen auch dazu, eine mitfühlende Geisteshaltung zu entwickeln, die ein wichtiger Aspekt der buddhistischen Tradition ist.

Aber die drei Meditationen in diesem Kapitel gehen in eine etwas andere Richtung, denn sie versuchen nicht einen bestimmten Gefühlszustand zu erreichen, sondern allem, was wir in diesem Moment fühlen, mit Gewahrsein zu begegnen, einschließlich unserer Wut und unserer Angst. Die Meditation der liebenden Güte, so wie sie oft gelehrt wird, umgeht die direkte Auseinandersetzung mit unserer Wut und unserer Angst. Wenn die Praxis bei Affirmationen wie „Möge ich glücklich sein" oder „Möge ich friedvoll sein" aufhört, ist es leicht, die ernsthafte Praxis der Seinsgüte zu umgehen und stattdessen ein oberflächliches liebendes oder freundliches *Gefühl* zu erzeugen. Das Letztere bedeckt nur den Schmerz, dessen wir uns bewusst werden müssen. Wir versuchen nicht als „liebevoll" zu erscheinen, sondern beginnen mit dem grundlegenden Verständnis, dass das Herz der Seinsgüte auf tiefster Ebene das ist, was wir sind; es ist das Wesen unseres Seins. Dadurch wird die Praxis mit diesen drei Meditationen ein Mittel, durch das wir lernen, zum Herzen zu erwachen.

Die Meditationsübungen, die hier vorgestellt werden, unterscheiden sich auch von traditionellen Mettā-Übungen, weil der Fokus nicht so sehr auf mentalen Affirmationen, wie „Möge ich glücklich sein" liegt, sondern vielmehr auf der körperlichen Erfahrung des Atmens in die Mitte des Brustkorbs. Wenn wir im Gewahrsein des Atmens in den Herzbereich verweilen, bleiben wir nicht nur in der körperlichen Wirklichkeit verwurzelt, sondern es wirkt paradoxerweise auch der heftigen Energie und Festigkeit des urteilenden Geistes entgegen. Dadurch finden wir Zugang zu unserer natürlichen Fähigkeit zur Offenheit und einer herzlichen Freundlichkeit gegenüber uns selbst und anderen, genau hier und jetzt.

Aber wir können nicht genug hervorheben, dass wir diese Herzensmeditationen nicht benutzen, um ein gutes Gefühl zu erzeugen. Vielmehr achten wir darauf, wie wir *jetzt* präsent sind. Das beinhaltet interessanterweise auch, dass wir uns allem widmen, was unsere ursprüngliche Güte am Ausdruck hindert. Wir entdecken zum Beispiel die Wut und den Ärger, die normalerweise unter unserer Unfreundlichkeit zu finden sind. Wenn wir diesen ungewollten Eigenschaften mit nicht urteilender Aufmerksamkeit begegnen, ist es in der Tat wahrscheinlich, dass sie sich in ungeschickten Worten und Handlungen ausdrücken. Wenn wir stattdessen unsere Wut und unsere Angst erfahren und anerkennen, wird unsere ursprüngliche Güte zum Ausdruck kommen.

Die Meditation der Seinsgüte

Diese Meditation ist eine Erweiterung der traditionellen Meditation der liebenden Güte und besteht aus drei Zeilen, die sich mehrmals wiederholen. Die erste Zeile richtet sich an uns selbst; die zweite Zeile bezieht sich auf Menschen, die uns nahestehen und die dritte Zeile umfasst alle.

Die drei Zeilen dieser Meditation korrespondieren mit den drei Stufen der Praxis, die ich in diesem Buch beschrieben habe. Die erste Zeile „Ich werde mir all dessen bewusst, was Seinsgüte verhindert" korrespondiert mit der Arbeit in der Ich-Phase der Praxis – die lange und schwierige Stufe, bei der wir mit unseren Schutzmechanismen, Ängsten und Urteilen arbeiten. Die zweite Zeile „Ich bin mir dieses Augenblicks bewusst – einfach so, wie er ist" korrespondiert mit der Phase des Seinsbewusstseins, in der wir uns in eine tiefere Erfahrung des Lebens begeben. Die letzte Zeile „Ich umschließe alle Wesen mit Seinsgüte" korrespondiert mit der Phase der Seinsgüte, bei der wir lernen aus dem erwachenden Herzen zu leben.

Wenn wir die drei Zeilen dieser Meditation im Kontext der drei Phasen der Praxis verstehen, können wir sie dazu verwenden, um immer mit dieser umfassenderen Perspektive in Verbindung zu sein. Die Worte und Zeilen der Meditation der Seinsgüte sind auch wichtig, weil sie unserer Aufmerksamkeit einen Fokus und eine Richtung geben. Wie in jeder anderen Meditation werden wir natürlich in Tagträume, Pläne und Phantasien abgleiten. Aber wenn wir die Worte und Zeilen so gut wir können in unserer Aufmerksamkeit halten, werden wir zumindest unseren Fokus schärfen.

Für mich ist die folgende Meditation die wichtigste und kraftvollste Praxis, die ich entdeckt habe. Aber bitte beachte, dass sie nicht als Ersatz für die tägliche Meditation gedacht ist, sondern vielmehr als Ergänzung. Wenn es nicht möglich ist, die Meditation der Seinsgüte zu einer nur dafür vorbehaltenen Zeit zu üben, kann sie am Ende der regulären Meditation praktiziert werden.

Und wenn Du schon eine Meditation der liebenden Güte praktizierst, lass diese für eine Weile ruhen und versuch stattdessen diese Meditation, so dass du offener dafür sein kannst, herauszufinden, was für dich besser passt.

Beginn die Meditation der Seinsgüte mit einigen tiefen Atemzügen. Sei dir des Atems bewusst und folg ihm mit deiner Aufmerksamkeit in die Mitte des Brustkorbs. Erfahr den Bereich in der Umgebung deines Herzens. Fühlt er sich verschlossen und eng an? Fühlt er sich klar und offen an? Fühlt er sich warm oder kalt an? Ist er neutral? Was immer du auch fühlst, sei dir einfach dessen bewusst. Atme mit jedem Einatmen so, als würde der Atem direkt in die Mitte des Brustkorbs gezogen. Lass das Gewahrsein mit jedem Atemzug etwas tiefer gehen.

Dann, sozusagen zur Aufwärmung, aktivier deine innere Seinsgüte, indem du still die drei Anfangssätze in Übereinstimmung mit deinem Atem sprichst.

Die erste Zeile *„Ich atme in mein Herz"* solltest du beim Einatmen sagen. Wenn du einatmest, fühl die Erfahrung des Verweilens im Herzen. Der zweite, noch verbleibende Teil sollte dann beim Ausatmen gesagt werden.

Bleib für zwei oder drei Atemzüge bei jeder Zeile, damit die Worte zu einer körperlichen Erfahrung werden können.

> „Ich atme in mein Herz und muss niemand sein."
> „Ich atme in mein Herz und muss nichts tun."
> „Ich atme in mein Herz und bin reines Sein."

Erlaube dir, im Herzen zu verweilen. Erlaube der Wärme, die du im Bereich des Herzens spürst, sich beim Ausatmen in deinen ganzen Körper, in dein ganzes Sein, auszudehnen. Wenn es keine Wärme und keine Seinsgüte gibt, die sich ausdehnen könnten, sei dir dessen, oder was du sonst noch spüren magst, bewusst und mach weiter.

Der erste Teil: Für dich

Beim ersten Teil dieser Meditation richtest du deine Aufmerksamkeit auf dich selbst. Auch hier sprichst du den ersten Teil jeder Zeile *„Ich atme in mein Herz"* still beim Einatmen und den zweiten Teil still beim Ausatmen. Am besten ist es, wenn du bei jeder Zeile für ein paar Atemzüge bleibst, bevor du weitergehst.

Die erste Zeile:

> „Ich atme in mein Herz und werde mir all dessen bewusst, was Seinsgüte verhindert."

Werd dir jedes Aspektes deiner selbst bewusst – Wut, Schutzmechanismen, Selbstverurteilungen – der den Zugang zum offenen Herzen versperrt. Du kannst dir auch jeder Kontraktion oder Spannung im Körper bewusst werden. Dehn die Wärme und Seinsgüte des Gewahrseins in diese Bereiche deiner selbst aus, *wo auch immer du sie fühlst.* Erinnere dich: Du versucht nicht, irgendetwas loszuwerden. Stattdessen dehnst du das Mitgefühl des Gewahrseins auf diese verschlossenen Bereiche aus, und dies ist ein Ausdruck der Seinsgüte.

Die zweite Zeile:

> „Ich atme in mein Herz und bin mir dieses Augenblicks bewusst – einfach so, wie er ist."

Werd dir allem bewusst, was du in dir und in deiner Umgebung wahrnimmst – Klänge, Gerüche, Gestalten, körperliche Empfindungen, Stimmungen, Gedanken –, und erfahr das Leben in einer neuen Tiefe; lass alles einfach so sein, wie es ist. Diese Erfahrung ist der Meditation über die drei Punkte des Gewahrseins sehr ähnlich, in der wir uns gleichzeitig des Atems in die Mitte des Brustkorbs, der Weite der Umgebung und der umfassenden Empfindung oder Gestalt des Körpers – der Empfindung des „Hierseins" – bewusst sind. Wenn die Gedanken abschweifen, komm sanft und ohne Selbstverurteilung zurück zum Gewahrsein des Atems und des Herzens.

Die dritte Zeile:

> „Ich atme in mein Herz und umschließe alle Wesen mit Seinsgüte."

Gib die Seinsgüte, die du spürst, anderen Wesen, einschließlich bestimmter Menschen, die dir in den Sinn kommen.

Wiederhol die folgenden drei Zeilen für dich:

> „Ich atme in mein Herz und werde mir all dessen bewusst, was Seinsgüte verhindert."
> „Ich atme in mein Herz und bin mir dieses Augenblicks bewusst – einfach so, wie er ist."
> „Ich atme in mein Herz und umschließe alle Wesen mit Seinsgüte."

Wiederhol die drei Zeilen ein weiteres Mal für dich.

Der zweite Teil: Für andere

Bring nun jemanden, der dir nahesteht, in das Feld deines Gewahrseins, jemanden für den du positive Gefühle empfindest und dem du Seinsgüte geben willst.

Atme das Bild dieses Menschen, seine Gegenwart, beim Einatmen in die Mitte des Brustkorbs. Umschließ beim Ausatmen diesen Menschen mit Seinsgüte, während du die drei Zeilen wiederholst. Wenn du Widerstand spürst, sei dir dessen einfach bewusst und erfahre, was immer im Weg sein mag. Bleib für einige Atemzüge bei jeder Zeile.

„Ich atme (Name) in mein Herz, möge er (sie) in seinen (ihren) Schwierigkeiten Heilung erfahren."

„Ich atme (Name) in mein Herz, möge er (sie) sich dieses Augenblicks bewusst sein – so, wie er ist."

„Ich atme (Name) in mein Herz, möge er (sie) alle Wesen mit Seinsgüte umschließen."

Wiederhol diese drei Zeilen mit einem anderen Menschen, für den du positive Gefühle empfindest, und erinnere dich daran, in die Mitte des Brustkorbs zu atmen, während du die Worte der Seinsgüte sagst.

Wähl einen weiteren Menschen, vielleicht jemanden mit dem du Schwierigkeiten hast, und wiederhol die drei Zeilen ein weiteres Mal. Sei nicht überrascht, wenn du auf Widerstand stößt. Sei dir einfach der körperlichen Empfindung bewusst und bleib mit dem Herzen und dem Atem in Verbindung.

Wenn du die Übung auf mehr Menschen ausdehnen möchtest, dann atme einige Male zwischen jedem Durchgang. Bleib immer körperlich geerdet, indem du dein Gewahrsein auf den Atem und die Mitte des Brustkorbs gerichtet hältst.

Der dritte Teil: Für alle Wesen

Erweiter deine Aufmerksamkeit zum Schluss auf alle Wesen. Sei dir der Mitte des Brustkorbs bewusst, während du einatmest, und wiederhol den ersten Teil jeder Zeile; und wiederhol den Rest jeder Zeile mit dem Ausatmen und lass deine Seinsgüte alle Wesen umschließen.

> „Ich atme alle Wesen in mein Herz, mögen sie in ihren Schwierigkeiten Heilung erfahren."
>
> „Ich atme alle Wesen in mein Herz, mögen sie sich dieses Augenblicks bewusst sein, so wie er ist."
>
> „Ich atme alle Wesen in mein Herz, mögen sie alle Wesen mit Seinsgüte umschließen."

Abschluss

Nachdem du alle drei Teile vollendet hast, komm einfach zum Ein- und Ausatmen in die Mitte des Brustkorbs zurück und erfahr die Empfindung und Qualität des Herzens. Verweile im Herzen und geh tiefer, indem du mit jedem Einatmen die drei Zeilen wiederholst, mit denen du die Meditation begonnen hast:

> „Ich atme in mein Herz und muss niemand sein."
> „Ich atme in mein Herz und muss nichts tun."
> „Ich atme in mein Herz und bin reines Sein."

Anmerkungen zur Meditation der Seinsgüte

Um die Kraft dieser Praxis zu erfahren, solltest du die Meditation der Seinsgüte regelmäßig üben. Diese Praxis über eine längere Zeit zu üben, zum Beispiel während eines Retreats, kann ebenfalls sehr hilfreich sein.

Wenn dir die Worte dieser Meditation der Seinsgüte nicht gefallen, kannst du mit ihnen experimentieren und sie so verändern, dass sie für dich sinnvoll sind.

Manchmal fragen mich Schüler, ob diese Zeilen mit Affirmationen identisch seien. Die Antwort ist nein. Affirmationen sind meist mentale Übungen, die dazu benutzt werden, um unsere Gefühle oder unsere Umstände zu verändern. Bei den Zeilen der Meditation der Seinsgüte geht es nicht darum, irgendetwas zu verändern; es geht darum, das zu erfahren, was in der Weite des Herzens gegenwärtig ist.

Des Weiteren ist die Praxis der Seinsgüte keine mentale Übung; ihr Fokus richtet sich auf das *körperliche Gewahrsein* in der Mitte des Brustkorbs. Alle Bilder, alle Worte werden durch das Gewahrsein des Ein- und Ausatmens in diesem Bereich erfahren. Die Worte sind also Einladungen, damit sich das zeigen kann, was schon da ist, sie sind kein Versuch, uns oder unsere Situation zu verändern.

Wenn wir diese Meditation zum ersten Mal üben, fühlt es sich möglicherweise unangenehm an, das Ein- und Ausatmen in die Mitte des Brustkorbs zu spüren. Es mag auch ungewohnt sein, die Worte der Seinsgüte still zu wiederholen. Aber selbst wenn es dir unangenehm ist oder du zynisch bist, die Anstrengung, in dieser Praxis zu verweilen, wird sich auszahlen. Ich kenne keine Praxis, die uns so dabei helfen kann, die Negativität unseres urteilenden Geistes zu überwinden und aus unserem chronischen Zustand der Getrenntheit auszubrechen. Das Ein- und Ausatmen in die Mitte des Brustkorbs hat eine Kraft, die wir weder verstehen noch erklären können; und wir können ihre Kraft nur erfahren, wenn wir die Praxis der Seinsgüte regelmäßig üben.

Einigen Menschen macht die Offenheit der Meditation der Seinsgüte Angst, sei also nicht überrascht, wenn das Üben dieser Praxis Zweifel, Widerstand oder sogar Verachtung auslöst. Oft geschieht es auch, dass man denkt, man betrüge sich selbst – dass die Erfahrung der Seinsgüte nicht echt sei. Aber selbst wenn du diesen negativen Gefühlen glaubst, heißt es nicht, dass sie wahr sind. Je mehr du vermeiden kannst dich in deinem urteilenden Geist zu verfangen, desto mehr kannst du dich dem öffnen, was wirklichen Wert hat.

Wenn wir Seinsgüte regelmäßig praktizieren, ist es nicht länger nur eine Meditationsübung. Sie wird Teil unseres Seins, unsere natürliche Antwort auf das Leben. Und immer, wenn wir spüren, dass wir feststecken, können wir die entscheidende Frage stellen: „Was würde es genau in diesem Moment bedeuten, aus der Seinsgüte zu leben?"

Wenn Angst aufsteigt, entdecken wir möglicherweise, dass wir sie sehen und erfahren können, und lernen, nicht urteilendes Gewahrsein in unser ängstliches Sein zu bringen. Wenn wir krank sind, werden wir uns nicht als fehlerhaft erfahren oder analysieren, was der mögliche Grund für unsere Krankheit ist, stattdessen können wir in unser Herz atmen und das „Sosein" dessen erfahren, was wir in diesem Augenblick sind. Dann dehnen wir die Seinsgüte auf unseren Körper aus. Diese Praxis lehrt uns, dass wir die ungewollten Aspekte unserer selbst mit einer gewissen unbedingten Freundlichkeit erfahren können – eine essentielle Eigenschaft des erwachten Herzens.

Die Meditation des mitfühlenden Herzens

In Momenten, in denen wir emotional überwältigt sind, scheint uns nichts, was wir gelernt haben, zu helfen. In diesem dunklen Zustand, in dem wir uns hoffnungslos, hilflos und außer Kontrolle fühlen, verbohren wir uns so tief in unser eigenes Drama, dass wir keinen Ausweg mehr sehen. In solchen Momenten ist diese Meditation möglicherweise besonders hilfreich. Der Sinn dieser Meditation ist es, uns aus dem engen Fokus auf uns selbst herauszuholen, so dass wir uns mit den heilenden Erfahrungen verbinden können, die uns zugänglich werden, wenn wir das Leiden anderer spüren. Auf den ersten Blick scheint dies ein Weg in die Dunkelheit zu sein, aber paradoxerweise ist das Leiden anderer das perfekte Mittel gegen unser selbstbezogenes Gefühl der Hoffnungslosigkeit. Leiden ist oft das effektivste Mittel zum Erwachen des Herzens.

Um mit der Meditation des mitfühlenden Herzens zu beginnen, sitz zunächst eine Weile in Stille, richte deine Aufmerksamkeit mit dem Atem auf die Mitte des Brustkorbs. Spür die Empfindung und die Qualität im Herzbereich.

Werd dir deines eigenen körperlichen oder emotionalen Schmerzes bewusst. Fühl ihn so körperlich wie möglich, statt dich mit den Geschichten zu beschäftigen, die du damit verbindest.

Richte dann deine Aufmerksamkeit auf Menschen, die die gleichen oder ähnliche Schwierigkeiten haben wie du, sei es Krankheit, Angst, Scham usw. Du kannst dir all die vielen Menschen überall auf der Welt vorstellen, die diesen Schmerz teilen; und wenn du an sie denkst, atme dieses Bild mit dem Einatmen in dein Herz. Und mit dem Ausatmen wünsch ihnen, dass sie in ihren Schwierigkeiten Heilung erfahren.

Fühl, dass es ein Schmerz ist, den alle Menschen teilen. Du lädst dir nicht den Schmerz anderer Menschen auf; du wirst dir nur der Tatsache bewusst, dass viele Menschen so leiden wie du.

Dann fühl wieder dein eigenes Leiden. Atme mit dem Einatmen die Empfindung deiner selbst mit deinen Schmerzen in die Mitte des Brustkorbs und mit dem Ausatmen wünsch dir, selbst Heilung zu erfahren.

Wenn du in deinem Schmerz verweilst, spür die Verwandtschaft mit all den anderen Menschen, die diesen Schmerz teilen. Spür das universelle „gemeinsame Sein“, die Empfindung der Verbundenheit mit allen Menschen und dem Leben. Das ist die tief empfundene Verbundenheit mit der Menschheit. Das ist das erwachte Herz, das den Schmerz mit Mitgefühl umfassen kann.

Atme weiter in deinen Schmerz, begegne dir selbst mit gütiger Aufmerksamkeit und verbinde dich mit dem gemeinsamen Schmerz und dem gemeinsamen Sein der Menschheit. Selbst wenn du dich nicht mit dem gemeinsamen Schmerz oder dem gemeinsamen Sein verbinden kannst, kehr für einige Minuten zum Ein- und Ausatmen in die Mitte des Brustkorbs zurück. Spür die Empfindung in diesem Bereich. Ruh in der Weite des Herzens.

Zweizeilige Version

Hier ist eine zweizeilige Version der oben beschriebenen Meditation, die jederzeit sofort angewendet werden kann, wenn du in einer starken Angst gefangen bist: Denk zuerst an einen Freund, der die gleiche Angst kennt, und gib diesem Menschen Seinsgüte, indem du ihn oder sie mit dem Einatmen in die Mitte des Brustkorbs atmest. Beim Ausatmen sagst du die Zeile „Mögest du in deinen Schwierigkeiten Heilung erfahren".

Atme die Empfindungen deiner eigenen Angst beim nächsten Einatmen in die Mitte des Brustkorbs und gib dir beim Ausatmen selbst Seinsgüte, so wie du sie vorher deinem Freund gegeben hast.

Aus irgendeinem Grund können wir, wenn wir dem inneren Wunsch folgen, einander Gutes zu wünschen, diesen Wunsch nach Wohlergehen leichter auf uns selbst richten.

Die Heilungsmeditation

Es ist sehr unwahrscheinlich, dass wir die Erfahrung körperlichen Schmerzes oder körperlicher Krankheit vermeiden können. Manchmal spüren wir plötzlich einen starken Schmerz. In anderen Situationen müssen wir uns möglicherweise mit andauernden oder chronischen Schmerzen auseinandersetzen. In beiden Fällen ist es sehr unterstützend, eine Heilungsmeditation zu haben, die uns sofort helfen kann.

Ich habe diese Meditation vor 20 Jahren angefangen, als eine chronische Erkrankung des Immunsystems begann, dessen Hauptsymptome Übelkeit und Schwäche waren. Die Essenz der Meditation liegt darin, in den körperlichen Symptomen bewusst zu verweilen, während wir vom Herzen zum körperlichen Schmerz atmen. Oft spüre ich dann eine Linderung des Schmerzes. In der Tat verwandelt sich manchmal die Übelkeit in eine neutrale körperliche Energie.

Ich bin immer überrascht von dem Maß an Gelassenheit und Verständnis, die diese Meditation hervorbringen kann. Aber natürlich sind solche Ergebnisse nicht garantiert; genauso oft bleibt der Schmerz einfach bestehen. Aber zumindest bin ich durch die Übung dieser Meditation tiefer mit meinem Herzen verbunden.

Meine eigene Praxis in diesem Bereich hat mir gezeigt, dass Heilung (nicht Gesundung) einfach aus dem Gegenwärtigsein mit dem „Was" meiner Erfahrung kommt. Viele Menschen suchen nach Heilung, indem sie psychologische Erklärungen ihrer Krankheit finden wollen, aber Heilung kommt nicht aus der Suche nach Erklärungen, nicht einfach nur dadurch, dass wir uns mit unserer Psychologie oder unserer Vergangenheit beschäftigen. Heilung wird möglich, wenn wir im „Sosein" des Augenblicks verweilen, mit allen Gefühlen und Gedanken, mit denen wir uns auseinandersetzen müssen – Angst, Wut, Scham, Selbstmitleid usw. Wenn diese Gefühle auftauchen, lernen wir in dieser Erfahrung zu verweilen, während wir weiter in die Mitte des Brustkorbs ein- und ausatmen. So beginnen wir in einem umfassenderen Sinne zu heilen, indem wir uns mit der wahren Weite des Lebens verbinden. So können selbst Krankheit und körperlicher Schmerz zu unserem Weg werden.

Wer kann schon sicher sein, wenn es darum geht, was zu unserer Gesundung führt? Eine Vielzahl von Artikeln wirbt für 90+ Prozent Heilungschancen; aber Krankheiten gibt es weiterhin. Ich kann in mir selbst spüren, dass ich glauben *will,* dass mich etwas von meinen Symptomen befreit – das Wollen, dass aus unserer tief verwurzelten Abneigung gegenüber der Angst vor Hilflosigkeit und Kontrollverlust stammt. Aber wenn ich die Heilungsmeditation übe, komme ich immer wieder zu der Frage „Was ist dieser Augenblick?" zurück und verweile in dem, was ist.

Eines der größten Geschenke meiner Symptome war im Laufe der Jahre die Möglichkeit, mit den vielen Ebenen tief verwurzelter konditionierter Gedanken und einengender Gefühlen zu arbeiten. Dadurch konnte ich das durchschauen, was wirkliche Heilung verhindert – Heilung, die nicht auf angenehmen körperlichen Empfindungen basiert, sondern auf dem Erwachen des Herzens.

Anleitungen zur Heilungsmeditation

Atme einige Male tief ein, um Gewahrsein in den Körper zu bringen. Spür den Bereich oder die Bereiche, wo die unangenehmen Empfindungen am stärksten sind. Dann atme mit dem Einatmen in die Mitte des Brustkorbs und richte deine Aufmerksamkeit beim Ausatmen auf die Orte unangenehmer Empfindungen in deinem Körper (einen nach dem anderen).

Es mag hilfreich sein, die Finger der einen Hand leicht auf dem Brustkorb ruhen zu lassen und die Finger der anderen Hand auf dem Ort des unangenehmen Gefühls.

Atme beim Einatmen weiterhin in dein Herz und mit dem Ausatmen wünsch dir Heilung.

Es ist wichtig, dass du den Schmerz nicht als deinen Feind siehst, als etwas, das du loswerden müsstest. Heiß den Schmerz stattdessen willkommen, als würdest du sagen: „Ich weiß, dass du tun wirst, was du zu tun hast, aber erinnere dich daran, dass wir alle darin zusammen sind, und du nicht mein Feind bist."

Immer wenn Gedanken und Gefühle aufsteigen, die mit den körperlichen Symptomen verbunden sind, bezieh dich auf sie so, wie auf die körperlichen Symptome selbst – nimm sie wahr, fühl sie und umschließ sie mit heilendem Gewahrsein.

Versuch dein Bestes, um nicht im Geist zu sein, der analysieren oder beschuldigen will, sondern lass dein Gewahrsein in der Mitte des Brustkorbs und im Atem zentriert sein.

Atme beim Einatmen weiterhin in die Mitte des Brustkorbs und bring Aufmerksamkeit an den Ort der unangenehmen Empfindung und lass alles, was auftaucht, einfach sein.

Diese Haltung der Wärme und Empfänglichkeit, zusammen mit der Bewegung der Energie des Gewahrseins vom Herzen zum Schmerz, führt zur Heilung. Besonders wenn wir das Gewahrsein von unserem Herzen zu unserer tiefsten Angst bringen – körperlich und emotional – ist das ein wichtiger Schritt, um zu lernen, wie wir aus der Seinsgüte leben können.

Die wahre Frucht des spirituellen Lebens ist nicht, dass wir uns besser fühlen oder mehr Klarheit erfahren. Diese Dinge gehören sicher dazu, aber die wirkliche Heilung auf unserem spirituellen Weg ist die Transformation aus dem selbstbezogenen Leben des Ich-als-ein-Ich. Wenn wir die Wahrheit dessen, wer wir wirklich sind, erkennen – dass das Wesen unseres Seins Verbundenheit und Liebe ist –, lernen wir mehr und mehr aus dem Zen-Herzen zu leben. Aus der Seinsgüte zu leben wird nach und nach zur natürlichen Antwort auf das Leben, selbst inmitten unseres allzumenschlichen Schmerzes. Unsere Selbstverurteilungen, Minderwertigkeitsgefühle und konditionierten Ängste werden vielleicht nicht völlig verschwinden, aber sie bestimmen nicht länger, wer wir sind oder wie wir leben. Die Leichtigkeit des Lebens aus dem erwachten Herzen ermöglicht es, dass wir zunehmend aus Freude und Dankbarkeit leben.

Anhang 1

Die wichtigsten Gedächtnisstützen

Jeder der folgenden Aphorismen deutet auf einen Kernpunkt der Praxis hin; zusammengenommen dienen sie als Zusammenfassung der wichtigsten Übungen, die in diesem Buch beschrieben werden. Eine sehr nützliche Verwendung dieser Gedächtnisstützen besteht darin, jeden Tag eine davon auszuwählen und immer wieder dahin zurückzukehren, um uns selbst daran zu erinnern, was am wichtigsten ist.

- Erinnere dich an deine Absicht;
  ohne sie wird es nur Unbewusstheit geben.

- Beharrlichkeit ist der Schlüssel, nicht wie du dich fühlst.

- Versuch nicht, dich zu verändern, sei einfach bewusst.

- Die grundlegende Frage:
  Kann ich jetzt und hier in meiner Erfahrung verweilen?

- Bejahe die Schwierigkeiten;
  sie sind keine Hindernisse auf dem Weg; sie *sind* der Weg.
- Lass die Geschichte deines „Ich“ los.

- Entwickle Mitgefühl mit dir selbst;
  dann wirst du auch Mitgefühl mit anderen entwickeln.

- Sei so oft wie möglich präsent;
  verweile darin solange wie möglich.

- Die wichtigste Regel in Beziehungen:
  keine Schuldzuweisungen.

- Bis du mit deinen Ängsten vertraut bist,
  werden sie immer deine Liebesfähigkeit einschränken.

- Verweile im Herzen –
  Nicht-Denken, Nicht-Tun, Nur-Sein.

- Wenn du wirklich aufmerksam bist, ist *alles* dein Lehrer.

- Was würde es in diesem Moment bedeuten,
  aus Seinsgüte zu leben?

Anhang 2

Grundlegende Anleitungen zur Meditation

Wenn möglich sitze (meditiere) jeden Tag am gleichen Platz. Der Platz sollte aufgeräumt und ruhig sein.

Es ist auch hilfreich, jeden Tag zur gleichen Zeit zu sitzen – das wird die Disziplin unterstützen, die notwendig ist, um vorübergehende Trägheit oder Motivationslosigkeit zu überwinden.

Vielen hilft es, wenn sie in der Nähe ihres Meditationsplatzes einen kleinen Altar haben. Wenn wir eine Kerze oder ein Rächerstäbchen anzünden, kann das helfen, unsere Absicht zu unterstützen; dazu kann auch ein inspirierendes Bild oder Zitat hilfreich sein.

Idealerweise meditierst du jeden Tag. Sitze aber mindestens vier Mal in der Woche. Wenn du deine Meditationspraxis beginnst, ist es ausreichend, wenn du nur 15 Minuten meditierst, aber du solltest nach und nach die Zeit bis auf 30 oder 40 Minuten verlängern.

Egal, ob du auf einem Kissen oder einem Stuhl meditierst, es ist wichtig, dass du in einer aufrechten, aber entspannten Haltung sitzt. Aufrecht zu sitzen hilft dir, den Geist wach zu halten; entspannt zu sein hilft dir, unnötige Anspannung zu vermeiden.

Deine Augen sollten geöffnet sein, aber leicht nach unten schauen. Es ist am besten, „entspannte Augen" oder ein weites Sichtfeld zu haben, wobei du nicht direkt auf einen bestimmten Punkt schaust. Die Augen sollten offenbleiben, weil es mit geschlossenen Augen zu leicht ist, in einen traumartigen Zustand abzugleiten; was sich zweifellos angenehm anfühlen kann, aber geschlossene Augen sind keine Unterstützung, um wach und aufmerksam zu sein – und dies ist einer der wichtigsten Punkte bei der Meditation.

Beginn mit einigen tiefen Atemzügen, um dein Gewahrsein in den Körper zu bringen.

Richte dann deine fokussierte Aufmerksamkeit auf den Atem, um deinen Körper und Geist zu beruhigen. Spür die körperliche Empfindung des Atems, wie er in den Körper eintritt und ihn wieder verlässt. Du kannst dich zum Beispiel auf die Kühle des Atems konzentrieren, wenn dieser in die Nasenlöcher eintritt, und auf die subtile Empfindung des Ausatmens. Verweile bewusst in der körperlichen Erfahrung des Atems, solange du kannst, sei dir der Tendenz gewahr, ins Denken, in Tagträume oder ins Planen abzugleiten.

Möglicherweise gleitest du während einer Sitzperiode viele Hundert Male ins Denken ab. Das ist ganz normal und es gibt keinen Grund, dich als schlechten Meditationsübenden zu verurteilen. Stattdessen kehr einfach jedes Mal, wenn du dich selbst in Gedanken verlierst, zur körperlichen Empfindung des Atems zurück.

Als eine weitere Hilfestellung zur fokussierten Aufmerksamkeit ist es für viele Übende hilfreich, die Atemzüge zu zählen. Die Anleitung ist hierbei still von eins bis zehn jede Ausatmung zu zählen. Wenn du bei zehn angekommen bist oder wenn du mit dem Zählen durcheinanderkommst, dann beginn einfach wieder bei eins.

Bei den ersten Meditationserfahrungen ist es gut, dem Atem für eine ganze Sitzperiode im Zählen zu folgen, aber wenn Körper und Geist ruhig sind, dann ist es gut, die Aufmerksamkeit zu weiten, um sowohl andere Körperempfindungen als auch Wahrnehmungen der Umgebung, wie Klänge oder die Qualität der Luft, mit einzuschließen. Dadurch ist es dir möglich, von einer sehr konzentrierten Aufmerksamkeit auf den Atem zu einem offeneren Zustand der Aufmerksamkeit zu gelangen. Zweifellos werden Gedanken weiterhin auftauchen; die Anleitung ist hier, sie wahrzunehmen und dann von der mentalen Aufmerksamkeit zum Gewahrsein der körperlichen Wirklichkeit zurückzukehren.

Übende bewerten Meditationsperioden oft als „schlecht", wenn sie sich nicht konzentrieren können und wenn sie sich nicht „gut" fühlen. Aber eines der wichtigsten Resultate der Meditation erfahren wir, wenn wir trotzdem weiter üben, egal, wie wir uns fühlen. Schließlich werden ein tiefes Lernen und eine innere Ruhe die Folge sein. Und nach und nach werden das Gewahrsein und die Gelassenheit, die wir durch tägliche Meditationspraxis entwickeln, unseren Alltag erfüllen.

Anhang 3

Die drei Gelöbnisse

Im Zen-Center San Diego beenden wir jede Meditationsperiode mit drei Verbeugungen und bei jeder Verbeugung sage ich still eine der folgenden Zeilen. Jede Zeile bezieht sich auf eine Stufe der Praxis: Die erste Zeile bezieht sich auf die Ich-Phase; die zweite Zeile bezieht sich auf die Phase des Seinsbewusstseins und die dritte Zeile bezieht sich auf die Phase des Lebens aus der Seinsgüte. Jede von ihnen ist eine Gedächtnisstütze, um mit dem in Kontakt zu bleiben, was am wichtigsten ist.

Möge ich alles bejahen,
Und die Wurzeln der Angst erkennen.

Möge ich ohne Unterlass gewahr sein,
Und das Leben so sein lassen, wie es ist.

Möge ich das Gesicht Gottes in allem und jedem sehen,
Und aus dem Herzen der Seinsgüte leben.

Wenn du keine Übung mit Verbeugungen praktizierst, kannst du deine Gelöbnisse einfach vor der Meditation rezitieren. Wenn du vor dem Sitzen eine Kerze oder ein Rächerstäbchen anzündest, ist das eine sehr gute Gelegenheit, um deine Gelöbnisse zu wiederholen und dich an den größeren Kontext deines Tuns zu erinnern. Du musst nicht die drei Gelöbnisse verwenden, die ich hier vorgeschlagen habe; es ist am besten, die Worte zu verwenden, die für dich persönlich sinnvoll sind.

Es ist wichtig, zu verstehen, dass wir mit allen drei Phasen der Praxis arbeiten müssen. Die Verwendung besonderer Gelöbnisse hilft uns dabei, uns darauf zu konzentrieren, was wir in den drei einander durchdringenden Phasen der Praxis wirklich tun.

Weitere Literatur aus dem Arbor Verlag

Ezra Bayda

Zen oder die Kunst, einen Weg aus den Sümpfen des Alltags zu finden

Was heißt es, einfach zu leben? Was macht authentisches Dasein aus – in Beziehungen, in unserer Sexualität und in unserem Umgang mit Geld?
Es geht um die Klärung unserer alltäglichen Verwirrungen, darum, selbst im rasanten Trubel des Alltags Gleichmut zu kultivieren und unser tägliches Leiden in das authentische Dasein zu verwandeln, das wir uns alle wünschen. Das setzt voraus, dass wir uns selbst erkennen – mitsamt der Mechanismen, mit denen wir uns in der Angst verschanzen.
Mit provokativer Direktheit, Witz und Selbstironie zeigt uns Ezra Bayda die zahllosen Tricks, mit denen wir uns im Schlamm unseres wirbelnden Geistes festsetzen. Zugleich macht er uns unmissverständlich klar: Es gibt einen Weg, der uns erlaubt, ehrlich gegenüber uns selbst zu sein und eingefahrene Muster aufzulösen – einen Weg aus den Sümpfen des Alltags.

Ezra Bayda ist Zen-Meister und widmet sich seit über vierzig Jahren der Meditation. 1998 wurde er Mitglied der *Ordinary Mind Zen School,* nachdem er von Charlotte Joko Beck, der Gründerin und Lehrmeisterin der Schule, die formale Ermächtigung erhalten hatte, den Dharma zu lehren. Heute lebt und lehrt er am *San Diego Zen Center* in Kalifornien, das er gemeinsam mit seiner Frau Elizabeth Hamilton leitet.

ISBN 978-3-86781-048-7

Elizabeth Hamilton

Und immer plappert der Papagei –
Zen als Lebenskunst

oder wie es ihnen gelingen kann,
das nimmermüde Tierchen zu zähmen

Und immer plappert der Papagei ist der würzige Praxis-Mix einer erfahrenen Zenlehrerin.
Elisabeth Hamilton hilft uns, die Verstrickungen unseres konditionierten Geistes auf frische Art und auf neuen Wegen zu untersuchen. Übungen, Erzählungen und Anekdoten voller Leben und Humor verweben sich hier mit der tiefen Weisheit des Zen-Weges.
Trotz oder gerade wegen seiner Leichtherzigkeit ein ungewöhnlich ergiebiges Arbeitsbuch für die tägliche Meditationspraxis.

„Vieles von dem, was ich an mir selbst für einzigartig gehalten hatte, erwies sich als die Versponnenheit eines gut dressierten Papageis, als tief eingefahrene, konditionierte Sichtweisen, die ich mir wie jeder andere im Laufe des Versuchs angeeignet hatte, ein Jemand zu sein. Das ist nichts Schlimmes; aber dummerweise klammern wir uns an dieses Evangelium vom eigenen Selbst wie an ein Rettungsboot.“

ISBN 978-3-936855-84-5

Larry Rosenberg
Mit jedem Atemzug
Buddhas Weg zu Achtsamkeit und Einsicht

Die Wege zu Zufriedenheit und dauerhaftem Glück stehen jedem von uns offen. Das ist die Essenz der 2500 Jahre alten guten Nachricht des *Ânâpânasati Sutta* – Buddhas Unterweisungen zur Kultivierung von Achtsamkeit und Einsicht durch das bewußte Ein- und Ausatmen.

Mit jedem Atemzug präsentiert diese zeitlose Meditationspraxis. Mit Weisheit, Mitgefühl und Humor zeigt Larry Rosenberg auf, daß uns die Praxis des Atem-Gewahrseins sachte und gleichwohl grundlegend transformieren kann.

Begeben Sie sich mit Larry Rosenberg auf Buddhas Weg zu Achtsamkeit und Einsicht: Leid zu überwinden ist nicht nur möglich, sondern liegt uns mit den dazu erforderlichen Mitteln bereits nahe – so nah wie unser eigener Atem. Da Sie atmen, haben Sie bereits alles, was Sie für diese Reise benötigen ...

Larry Rosenberg ist Gründer des Cambridge Insight Meditation Center (CIMC) in Cambridge, Massachusetts. Er ist Lehrer am CIMC und an der Insight Meditation Society in Barre, Massachusetts.

ISBN 978-3-924195-70-0

Dzigar Kongtrül

Dein Leben liegt in deiner Hand

Die Praxis der Selbst-Erkenntnis auf dem buddhistischen Weg

Auf dem spirituellen Pfad ist von Erleuchtung die Rede. Aber wie bringen wir die Erleuchtungs-Idee mit unserem Anblick im Spiegel in Einklang – wenn unsere Unsicherheiten, Zweifel und egozentrischen Tendenzen unseren Geist bestimmen?

Dzigar Kongtrül empfiehlt, angesichts solcher Erfahrungen uns nicht als hoffnungslosen Fall einzustufen. Tatsächlich sind sie kein Problem, wenn wir sie entstehen lassen können, ohne sie zu verurteilen oder mit zu viel Bedeutung aufzuladen. Diesen Umgang mit unseren Erfahrungen bezeichnet Kongtrül als Selbst-Erkenntnis.

Selbst-Erkenntnis ist eine Praxis, ein Pfad und eine Haltung. Es ist die Geisteshaltung, Interesse gerade an dem zu entwickeln, was wir normalerweise abwehren wollen. Unsere Praxis wird damit erst lebendig, und sie bewahrt uns davor, Meditation lediglich als ein weiteres Hobby zu betrachten. Wenn wir Selbst-Erkenntnis praktizieren, nehmen wir unsere Befreiung selbst in die Hand und akzeptieren die Herausforderung und die Ermächtigung, die Kongtrül in den Titel dieses Buches gelegt hat: Es liegt an uns – in unserer Hand.

„Dank Dzigar Kongtrüls Worte fühle ich mich wieder verbunden mit einem weit offenen und klaren Blick auf die Wirklichkeit. Ich weiß, dass jeder diese Erfahrung machen kann und dass Rinpoche klare Anweisungen gibt, wie man das erreichen kann. Dabei hält er sich nie zurück, sondern fordert sich selbst immer heraus, noch einen Schritt weiter aus dem Sicheren und Vorhersehbaren herauszutreten. Ich finde seinen Mut und seine Furchtlosigkeit ansteckend."

Pema Chödrön

ISBN 978-3-936855-42-5

Online.

Umfangreiche Informationen zu unseren Themen, ausführliche Leseproben aller unserer Bücher, einen versandkostenfreien Bestellservice und unseren kostenlosen Newsletter. All das und mehr finden Sie auf unserer Website.

www.arbor-verlag.de

Mehr zu Ezra Bayda.

www.arbor-verlag.de/ezra-bayda